焼きたてのパン
BRASIL
7
1716

BRAS
DE

12

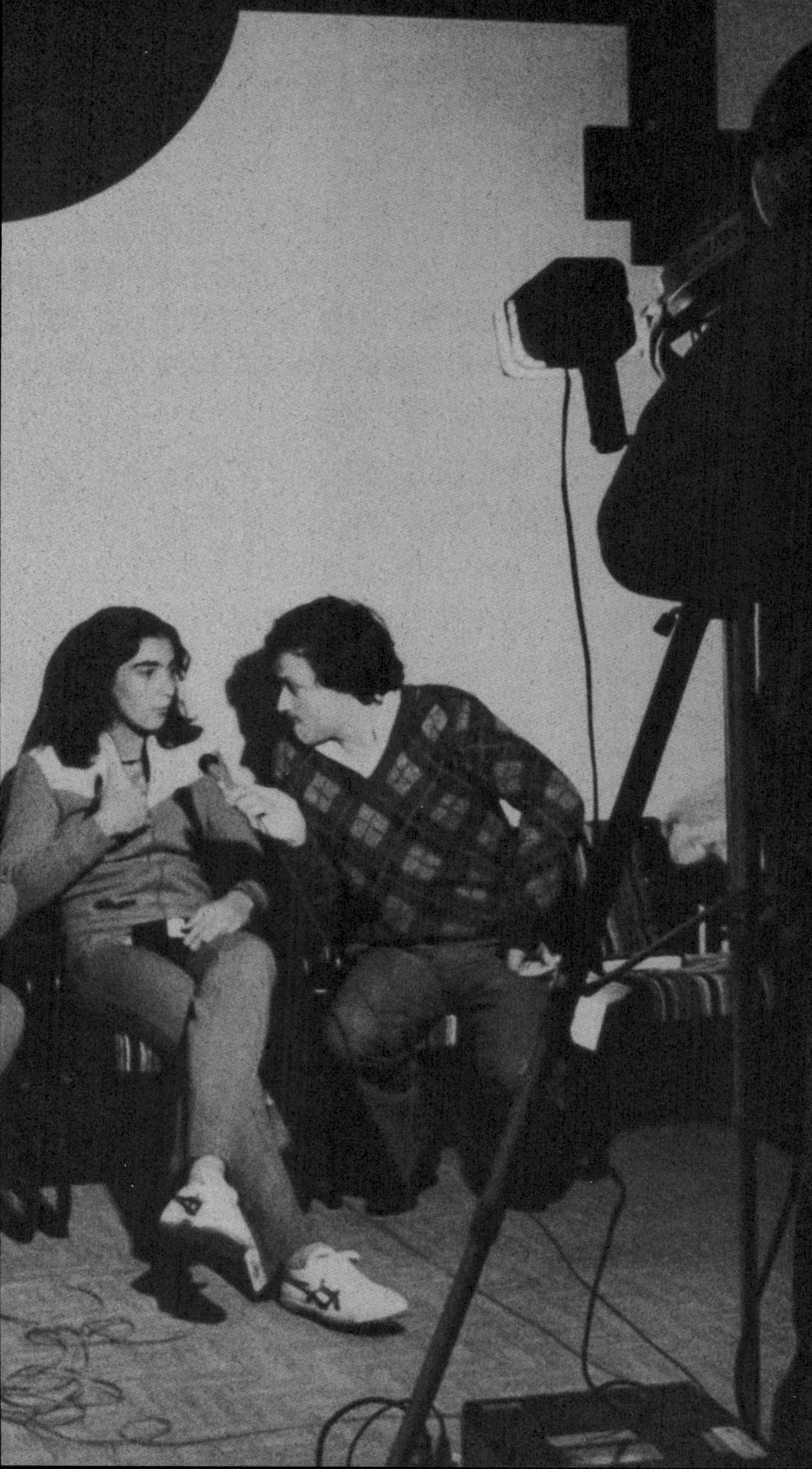

Isabel do vôlei da vida

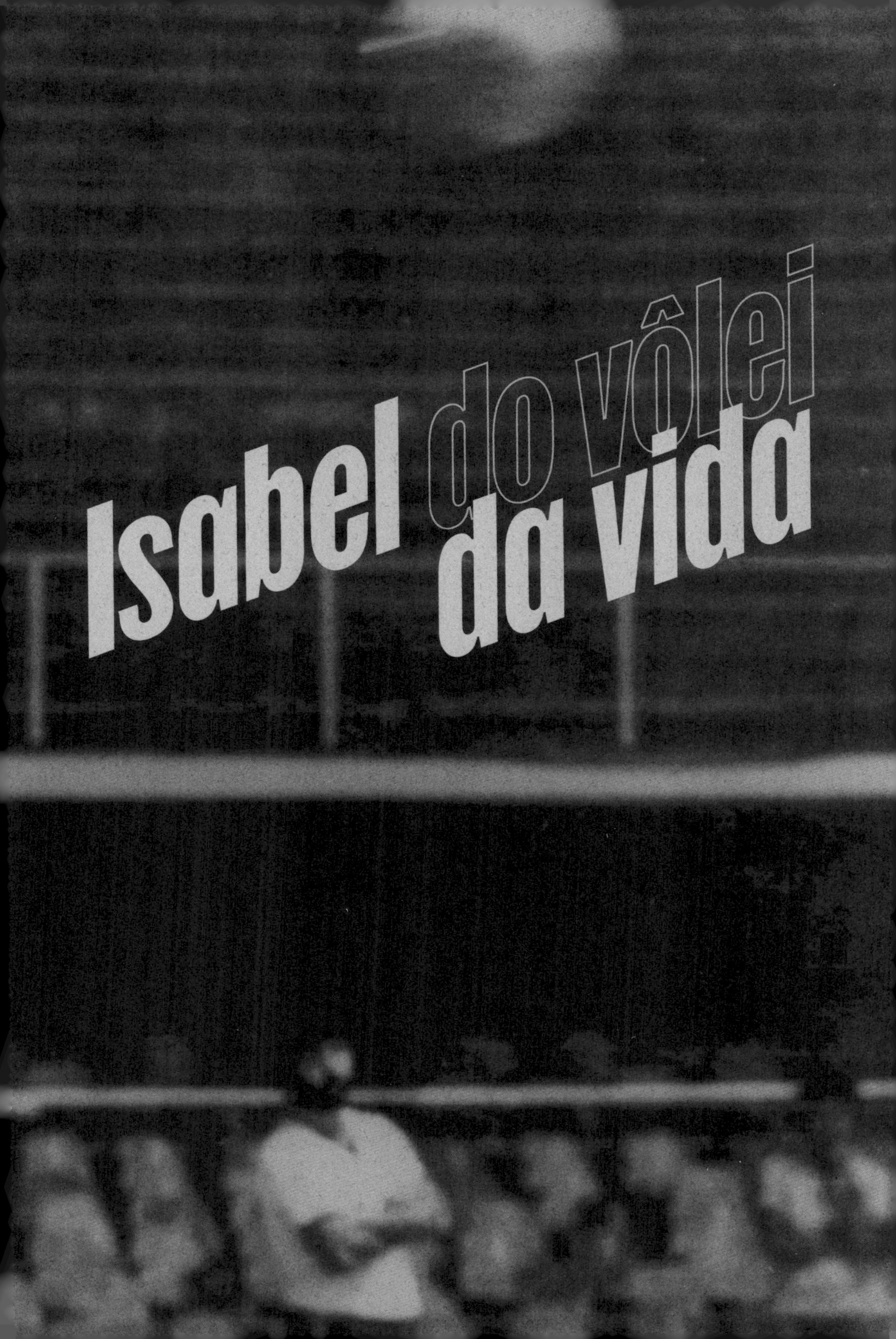

CARO(A) LEITOR(A),

Queremos saber sua opinião sobre nossos livros.
Após a leitura, siga-nos no linkedin.com/company/editora-gente,
no TikTok @editoragente e no Instagram @editoragente
e visite-nos no site www.editoragente.com.br.
Cadastre-se e contribua com sugestões, críticas ou elogios.

Pedro Bial

Isabel do vôlei da vida

A onda mais alta de Ipanema

PATROCÍNIO:

Gente editora

PREFEITURA RIO | Esportes

DIRETORA
Rosely Boschini

DIRETORA EDITORIAL
Joyce Moysés

EDITORA PLENO
Rafaella Carrilho

ASSISTENTE EDITORIAL
Mariá Moritz Tomazoni

PRODUÇÃO GRÁFICA
Leandro Kulaif

PESQUISA DE CONTEÚDO
Camila Moraes
Heitor D'Alincourt

PESQUISA ICONOGRÁFICA
Ana Carolina Oliveira

PREPARAÇÃO
Elizabete Franczak

CAPA, PROJETO GRÁFICO
E DIAGRAMAÇÃO
Bloco Gráfico

REVISÃO
Carolina Rocha |
Cavalo-Marinho Estúdio Criativo
Elisa Kemil Casotti

FOTO DE CAPA
© Pedro Martinelli/Abril Comunicações S.A.

FOTO DE CONTRACAPA
© Delfim Vieira/Cpdoc – Jornal do Brasil

Rua Dep. Lacerda Franco, 300 – Pinheiros
São Paulo, SP – CEP 05418-000
(11) 3670-2500
editoragente.com.br
gente@editoragente.com.br

Dados Internacionais de Catalogação na Publicação (CIP)
Angélica Ilacqua CRB-8/7057

Bial, Pedro
Isabel do vôlei da vida: a onda mais alta de Ipanema / Pedro Bial. São Paulo: Editora Gente, 2025.
240 p.

ISBN 978-65-5544-621-0

1. Isabel Salgado, 1960-2022 – Biografia 2. Voleibol – Brasil – História 3. Esportistas – Brasil – Biografias I. Título

25-2806 CDD 796.325092

Índices para catálogo sistemático:
1. Isabel Salgado, 1960-2022 – Biografia

Este livro foi impresso pela
gráfica Santa Marta em papel
Pólen Bold 70 g/m² em julho de 2025.

NOTA DA PUBLISHER

Algumas pessoas são tão intensas, tão presentes e tão coerentes com aquilo que acreditam, que se tornam impossíveis de esquecer. Isabel Salgado é uma dessas pessoas.

Pedro Bial – amigo próximo, testemunha da vida e da alma de Isabel – nos presenteia com um livro que não é apenas uma biografia, mas uma carta aberta carregada de amor e responsabilidade com a memória de alguém que jamais passou despercebida.

Em um país carente de referências éticas verdadeiras, a história da Isabel do Vôlei – a Isabel da Vida, como Bial a chama – precisa ser conhecida por todos. Porque ela enxergava o mundo com clareza e, como bem escreve este querido autor, *"ninguém nunca foi invisível pra ela; ao contrário, enxergava bem demais"*.

Isabel via e se importava. Era capaz de enxergar com profundidade e de agir com intenção. Sua sensibilidade e compaixão transformavam gestos cotidianos em demonstrações poderosas de humanidade.

E tudo isso sem jamais seguir um roteiro. Sua ética não vinha de manuais, mas da consciência. Ao falar, expressava com clareza aquilo que tantos sentiam, mas não sabiam dizer. Uma liderança natural, sem rótulos.

Eu me apaixonei ao conhecer mais da Isabel, esta mesma que você irá conhecer nas próximas páginas. Não apenas atleta ou figura pública, mas uma mulher inteira, real, potente. Ela foi um grande ícone do que significa a verdadeira liberdade. Ela não era perfeita e nem queria ser. Mas era livre. Livre para pensar por si, para agir com coragem, para viver com intensidade. E é esse tipo de liberdade que nos inspira a sermos mais verdadeiros com quem realmente somos.

Em tempos em que o senso de justiça parece rarear, em que os vínculos parecem enfraquecer, precisamos de histórias que nos lembrem do poder da integridade, da força da coletividade, da beleza da coragem. Por isso, este livro não é apenas emocionante e especial, é também urgente.

Pedro Bial nos conduz por essa vida e pelas relações de Isabel com delicadeza e profundidade, construindo não só o retrato de uma mulher extraordinária, mas também um espelho para todos nós.

Na Editora Gente, acreditamos em livros que deixam marcas, que nos fazem querer ser melhores, mais determinados, mais conscientes. E é por isso que esta obra precisava existir. Embora seja uma homenagem, é também um convite: porque o mundo precisa urgentemente de mais Isabeis.

Boa leitura!

ROSELY BOSCHINI
CEO e publisher da Editora Gente

O sorriso todo dela.

O PADRÃO ISABEL

Era tratado, maltratado e invisível, insultado diariamente pela palavra mendigo. Onde caíssem seus trapos, ali seria sua cama. Todo mundo na rua o conhecia, todo mundo fingia que não. Mesmo na padaria, de onde às vezes lhe jogavam pedaços de pão velho, nem sequer olhavam pra ele. Pra quê? Era o louco da rua, eram dele os gritos na madrugada, os lamentos, o fedor. Só outros pedintes o respeitavam; há um código de ética entre os que vivem na rua, em territórios que parecem demarcados, e ele era o mais velho. Aquele era um bom ponto, rua interna de Ipanema, movimentada, com bares e restaurantes e, naquela época, os estabelecimentos doavam as sobras de comida para o povo de rua, prática que ainda não tinha sido proibida pela Saúde Pública em nome da saúde pública.

Mas parece que ele tinha dito alguma coisa, feito alguma coisa, desobedecido ao policial, o tal do desacato. Partiram pra cima dele, forte, pra arrastar e meter na caçamba do camburão. Quem tava por perto fingiu que não tava ouvindo nada, pra poder fingir que não tava vendo nada. Menos ela.

Tinha uns meses, Isabel estava morando numa casa de fundos da vila ao lado do restaurante natural. Conhecia aquele ocupante noturno das pedras portuguesas, o elegante e perigoso revestimento das calçadas do bairro famoso. Cumprimentava-o, quando ele estava em condições de perceber cumprimentos. Sabia que ele existia.

Ninguém nunca foi invisível pra ela; ao contrário, enxergava bem demais.

Diante daquela cena, não se aguentou e já foi mandando "larga ele, larga ele", enquanto chegava junto, o barrigão de seis meses de gravidez. Os policiais espumaram de raiva, era só o que faltava. Não largaram, mas pararam de puxar o elemento. Quando Isabel chegou ao centro da confusão, já media três metros de altura. Sabiam que já tinham perdido, os meganhas. E, agora, todos que antes tinham desviado olhos e ouvidos se aproximavam. Agora, sim, torcendo pro vagabundo contra os guardas, como se a cena tivesse a graça de Chaplin, ou dos Trapalhões. Isabel ficou ao lado do homem até a polícia se afastar. Pagou um suco e um sanduba pra ele, e deve ter ido treinar. Passando antes na praia, pra dar um mergulho, claro. De lei, justa.

Há pessoas que resumem sua época. Pessoas que, em vida, encarnam e vivem todas as coisas boas daquele tempo, concebem isso, parecem conter o melhor de seu tempo em sua vida. Pessoas como Isabel.

BEATRIZ SALGADO, irmã de Isabel

1960 – NASCE SEU TEMPO

Em 1960, Brasília é inaugurada; John Kennedy é eleito nos Estados Unidos, Jânio Quadros no Brasil; na Olimpíada de Roma, o etíope Abebe Bikila é o primeiro africano a ganhar uma medalha olímpica, correndo a maratona, descalço; a tenista brasileira Maria Esther Bueno é a primeira mulher a ganhar quatro torneios do Grand Slam, num mesmo ano; Éder Jofre é o primeiro brasileiro a conquistar um título mundial de boxe; nasce Ayrton Senna; João Gilberto e Tom Jobim lançam "Samba de uma Nota Só"; a pílula anticoncepcional chega às farmácias.

*

Isabel Salgado ficou conhecida como a "Isabel do vôlei", mas sua influência transcendeu em muito as quadras. Como atleta, atacante poderosa e treinadora apaixonada, protagonizou a ascensão do voleibol feminino brasileiro à potência mundial, na quadra e na areia. Na vida pública, apesar de nunca ter exercido militância política ou partidária, talvez até por isso, sua voz rouca se destacava em manifestações corajosas, sempre de grande repercussão. Alçada à posição de musa e líder do vôlei, tornou-se símbolo da redemocratização no Brasil, na década de 1980 e além. Aliava firmeza e doçura ao afirmar suas posições, contribuiu com atos e palavras para a emancipação feminina, sem levantar bandeiras convencionais do feminismo.

Durante a pandemia de covid-19, pela primeira vez se engajou como militante numa campanha organizada. Foi uma das principais líderes do movimento Esporte pela Democracia, que reuniu atletas, ex-atletas, artistas e intelectuais. Tal atuação a levou, pela primeira vez, a cogitar assumir o Ministério dos Esportes do novo governo. Morreu antes, subitamente, de síndrome da angústia respiratória aguda (SARA).

*

Maria Isabel Barroso Salgado nasceu em 2 de agosto de 1960, na Maternidade Arnaldo de Moraes, atual Hospital São Lucas, em Copacabana, Rio de Janeiro, Brasil, filha do advogado Francisco Cecil Braga Salgado e da professora Marília Barroso Salgado. Faleceu em 16 de novembro de 2022, no Hospital Sírio Libanês, em Cerqueira César, São Paulo, Brasil. Teve cinco filhos: Pilar Salgado Solberg, Maria Clara Salgado Solberg, Pedro Salgado Collett Solberg, Carolina Salgado Collett Solberg e Alison Salgado.

Isabel começou a jogar vôlei aos 11 anos no Colégio Notre Dame, em Ipanema, no Rio. Aos 12, já era da base do Flamengo. No fim dos anos 1970, tornou-se uma das principais jogadoras do país, conquistando os campeonatos brasileiros de 1978 e 1980. Titular da seleção brasileira, levou o vôlei feminino a disputar pela primeira vez os Jogos Olímpicos, em Moscou, em 1980, e em Los Angeles, em 1984. Foi a primeira brasileira a atuar profissionalmente no vôlei europeu, em 1980, defendendo o Modena, na Itália.

Nos anos 1990, Isabel foi uma das pioneiras do vôlei de praia feminino no Brasil. Com sua parceira Jackie Silva, jogou o primeiro torneio feminino do Circuito Mundial da Federação Internacional de Voleibol (FIVB), em 1992, na Espanha. Depois, em dupla com Roseli Timm, conquistou a medalha de ouro na etapa de Miami, na edição de 1994.

Depois de encerrar a carreira como atleta, Isabel foi técnica de times como Flamengo e Vasco, na Superliga, e também dirigiu seus filhos Pedro, Maria Clara e Carol no Circuito Brasileiro de Vôlei de Praia.

Símbolo e exemplo vivo da defesa dos direitos de mulheres no esporte e na sociedade, quebrou tabus. Foi a primeira atleta a jogar grávida, provocando o debate sobre desafios da maternidade para esportistas de alto rendimento. Poucos dias antes de falecer, tinha sido nomeada para a equipe de transição do presidente eleito Luiz Inácio Lula da Silva – era nomeação certa para o Ministério.

Em seu atestado de óbito, de 16 de novembro de 2022, como "causa da morte", figuram: "coagulação intravascular disseminada (CIVD), choque séptico, pneumonia estafilocócica, influenza A". Isabel tinha 62 anos.

*

Se viva estivesse, Marília, mãe de Isabel, amante e conhecedora de poesia, teria citado seus versos preferidos de Pessoa para a filha:

Os deuses vendem quando dão.
Compra-se a glória com desgraça.
Ai dos felizes, porque são
Só o que passa!

"O das Quinas", FERNANDO PESSOA

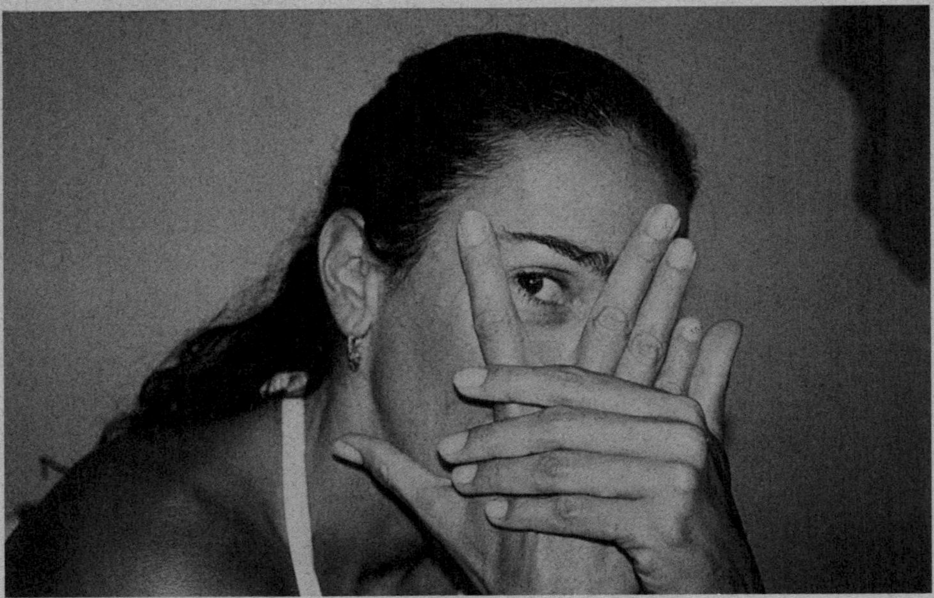

"V" de ver.

NOTA DE ESCLARECIMENTO

Antes de começar, preciso deixar claro que aqui não escrevo apenas como jornalista e biógrafo. Fui amigo íntimo de Isabel; fomos, um para o outro, testemunhas da fase da vida em que, adolescentes ainda, ingressávamos no mundo da gente grande. Aliás, tenho certeza de que Isabel concordaria comigo: para nós dois, assim como para Peter Pan, os adultos eram todos piratas. Achávamos isso; hoje, eu sei que são.

Portanto, não pretendi guardar distanciamento, seria inglório. Tampouco busquei uma suposta neutralidade, pois de nada valeria. Pautei-me pelo primeiro valor que sempre moveu Isabel, a honestidade. E seu verbo honesto, desabrido, só foi possível graças a outra virtude que fundamentou sua pessoa, a coragem. Para contar a história de Isabel, catei migalhas de sua corajosa honestidade, fiz delas uma ração íntima e, regando o banquete com goles de sua mais reluzente qualidade, tomei a... liberdade.

Sim, tomei a liberdade de, mais do que narrar a história de sua vida, tentar analisar sua trajetória, interpretá-la, com cuidado e pudor só menores que o compromisso com a transparência. Aqui, quero, sim, contar a história de Isabel, mas também compartilhar reflexões que possam ajudar leitores a explicar e entender o que foi, o que é Isabel.

Para isso, escrevi uma carta aberta, falando para Isabel, com Isabel. E agora tenho a honra de a dividir com vocês.

Globetrotter, Itália.

Carta aberta para Isabel

Querem outros muito dinheiro;
Outros, muito amor; outros, mais
Precavidos, querem inteiro
Sossego, paz, dias iguais.
Mas eu, que sei que nesta vida
O que mais se mostra é ouropel,
Quero coisa muito escondida:
– O sorriso azul de Isabel.

"Balada para Isabel", MANUEL BANDEIRA

Minha irmã,

Gosto de pensar que esse poema foi feito pra você. Não seria nada absurdo. Manuel Bandeira foi algumas vezes à tua casa, visitar a velha amiga dele, tua avó Leda. O poeta bem poderia ter se inspirado em teu sorriso de criança. Porque, 'cê sabe, como os olhos da Teresa do poema do mesmo Bandeira, que "nasceram dez anos antes do corpo", teu sorriso chegou primeiro, Isabel, já do tamanho do mundo – o restante do corpo cresceu depois.

Você não morre tão cedo, m'irmã, ah, mas não mermo... tava aqui justamente pensando em você. Aliás, toda hora a gente pensa em você. Basta andar em Ipanema, por exemplo. Você não tá mais só na praia, nas ondas, no frescobol, em cada rede de vôlei, como sempre esteve. Você tá em todo lugar; agora você faz parte da paisagem, virou cartão-postal, você, a Isabel do vôlei, a Isabel da vida. Olho pro Morro Dois Irmãos, você; pra Pedra da Gávea, você; pra Lagoa, pro Cristo, você, você; pro Arpoador, Oceano Atlântico, Cagarras, todas as ilhas do mundo, todas as Áfricas no horizonte, só dá você, você, você, você.

Isso pra ficar nos acidentes geográficos, no que cabe no mapa, o que é muito pouco diante dos impérios de areia que você inventou. Você criou toda uma mitologia ao seu redor – e o mundo acreditou.

Eu sei, eu sei que foi quase sem querer, que você não tinha esse tipo de ambição imperial. Tua pretensão era de outra ordem, bem maior. Você não queria criar outro mundo, teimava em consertar este aqui mermo. E fazia isso, com enorme sucesso. A gente confiava em você! De alguma maneira, todos tínhamos certeza de que você sempre ia dar um jeito, encontrar uma solução, resolver. E quantas vezes resolveu mermo, os cipoais mais sinistros, as piores encrencas – quando geral tinha desistido, vinha você e insistia. E dava certo. Porra, demais, Isabel, você era demais. Foi demais. Porra, você <u>é</u> demais.

Por isso, digo e respiro: você não morre tão cedo, Isabel. Justo por ter morrido, desgraçadamente, absurdamente, inacreditavelmente, cedo demais.

*

Minh'irmã, escrevo esta carta a pedido de teus filhos, Pilar, Maria Clara, Pedro, Carol e Alison. Eles querem que teus netos saibam quem foi você. Ou melhor, deixa eu usar o verbo no tempo certo: quem <u>é</u> você, que saibam que mulher incrível <u>é</u> a avó deles. Confiaram em mim para contar tua história. Uma pedreira, 'cê sabe:

como dar conta da vida de alguém que foi maior que a vida? Digo isso sem receio de estar exagerando. Sempre tivemos em comum o espanto de estar vivo, Isabel. Tenho orgulho dessa certa afinidade nossa no jeito de ver o mundo. Como posso me explicar numa frase? Talvez dizendo que, pra você, o extraordinário e o sobrenatural são o ordinário e o natural. Você nunca afetou naturalidade diante do milagre que é a vida. Mesmo agora que encontrou aquilo que nosso poeta Manuel Bandeira chamou de "fim de todos os milagres".

A vida é um milagre.
Cada flor,
com sua forma, sua cor, seu aroma,
cada flor é um milagre.
Cada pássaro,
com sua plumagem, seu voo, seu canto,
cada pássaro é um milagre.
O espaço, infinito,
o espaço é um milagre.
O tempo, infinito,
o tempo é um milagre.
A memória é um milagre.
A consciência é um milagre.
Tudo é milagre.
Tudo, menos a morte.
– Bendita a morte, que é o fim de todos os milagres.
"Preparação para a morte", MANUEL BANDEIRA

Pra cumprir o trato com tua filharada, pensei nesta carta aberta. Nossa intimidade compartilhada no encontro mais íntimo possível entre estranhos: entre quem escreve e quem lê um livro.

Tivemos sorte, pois o destino deixou a gente se ver – com o mesmo calor e entusiasmo que sempre faiscava em nossos encontros –, deixou a gente se encontrar pela última vez; pudemos nos despedir, poupados de saber que era nossa despedida. Você e meu irmão Alberto, parceria sempre afinada na paixão de inventar e realizar, estavam com um novo projeto, me chamaram para colaborar. Seria um podcast, *Alma em jogo*. A proposta de vocês era, a partir de histórias e personagens do esporte, transcender o meramente esportivo e revelar a profundidade psicológica por trás de uma cortada, um chute, um arremesso. Como Nelson Rodrigues, vocês conseguiam enxergar a complexidade shakespeariana de qualquer pelada, a metafísica que se oculta em cada pontinho no placar. Queriam mostrar como a experiência esportiva reflete e deriva de outras dimensões da vivência humana, que estão além do esporte, mas aonde só se pode chegar pelo faz de conta da vida breve, lúdica, com tempo marcado e regras combinadas – a microvida que um jogo encerra. *Alma em jogo* era a cara de vocês, a tua cara, Isabel.

"Alma", porque você sempre foi atleta da alma antes de tudo – teu corpo lindo e poderoso apenas expressava o que antes você tinha fermentado na mufa, fervilhado em ideias incorpóreas e velozes. Tua inteligência, e não teus braços, fez de você craque.

E "jogo", como certame e competição, e também nas melhores acepções e sinônimos da palavra: brincadeira, folia, encantamento, luta, magia, desafio, reinação.

Esse podcast era só um dos trampos que você tava inventando. Na véspera mesmo de tua internação, foram duas reuniões pra levantar a ideia que tinha concebido para um programa de TV, *Quantos Anos Você Tem?*. Você tava com 62, queria promover encontros e reflexões com mulheres, célebres ou não, que tinham passado dos 60 anos. Tudo a ver com você, com a gente, que vivemos uma nova velhice, esse bendito oxímoro. Para levantar a produção, você chamou Paulinha Barreto, nossa amiga desde a pré-adolescência, da mesma geração, e desabafou, vendendo a ideia:

> *Não sei se já aconteceu com você, mas comigo estão acontecendo coisas curiosas. Já reparou que não somos mais prioridade para nossos filhos? Outro dia, a Carol foi fazer uma consulta com uma*

astróloga e disse: "Mãe, fui eu, meu marido e meus filhos". Ela só me comunicou, nem considerou a minha possível participação.

Isabel, você ficou meio desacorçoada, mas levou na boa, com humor, você nunca foi de mágoa. Seguiu explicando pra Paula:

Já se deu conta disso? Depois dessa conversa com a Carol, noutro dia, eu tava na academia, no banheiro, e veio uma mulher que devia ter minha idade ou um pouco mais. Ela estava se arrumando; eu elogiei: "Tá bonita". Ela disse: "Estou me arrumando porque finalmente meu filho me convidou pra ir jantar. Deve estar querendo pedir alguma coisa, porque nunca me convida pra nada...".

Transitoriedade, Isabel... isso ficou na tua cabeça, um gosto azedo como se o tempo estivesse nos deixando para trás, minh'irmã.

Paula, temos que fazer um projeto sobre etarismo, porque vai chegando essa idade, e realmente nós vamos nos tornando irrelevantes. Ninguém mais dá atenção pra gente.

Paula ainda rebateu, e com razão: *"Que é isso, Isabel?! Seus filhos te idolatram. Você é o pilar dessa família".* Mas a cabeça de produtora de Paulinha já tinha começado a trabalhar:

Pensei no projeto: a gente pega mulheres com mais de 60 anos e vamos saber delas do etarismo na moda, na família, o etarismo em diversas áreas.

Lembra como o projeto foi apresentado?

Decidida a investigar outras companheiras que, como ela, se depararam com o novo momento da vida após os 60 anos, Isabel quer dar voz a essas mulheres que enfrentam o preconceito e a invisibilidade. Quantos Anos Você Tem? *revela quem são essas "anciãs" que teimam em continuar a produzir e desejar.*

Paula estava filmando em Alagoas, mas participou da videoconferência pra vender a ideia para a HBO – resultado de quase um ano de desenvolvimento. Foi na segunda-feira, 14 de novembro de 2022, dois dias antes de você morrer, Isabel. Você entrou na reunião direto de São Paulo, com a produtora Claudia Odorissio.

Claudinha era uma parceirona recente. Vocês tinham se encontrado e logo ficado amigas; se reconheceram, as duas com a mesma energia de realizar, aprontar, fazer acontecer. Claudia mora em São Paulo, cidade a que você tava cada vez mais chegada. Aproximaram-se graças ao Casagrande. Ela lembra que, logo na primeira vez que se encontraram, você, de cara, se deu a conhecer: *"Nossa, gente, desculpa o atraso, é que tô fazendo uma reforma"*. Claudinha comentou que detestava reforma, no que você exclamou: *"Eu adoro reforma!"*. E adorava mesmo; reformadora de casas, causas e costumes, uma Emília de esperta, você, reformando a natureza humana.

Enfim, o pitching foi um sucesso. O roteiro do primeiro episódio de *Quantos Anos Você Tem?* previa uma conversa sua com as filhas Pilar, Maria Clara e Carolina, a partir de teu desassossego persistente, aos 60. Os outros cinco episódios abordariam sexo, saúde, profissão e aposentadoria, imagem e beleza. Por fim, solidão. *"Isabel defendeu superbem o projeto. Foi excepcional"*. Mas Paulinha ficou preocupada:

> *Quando terminou o call, eu falei: "Isabel, você está muito gripada, sua voz está tomada, não é possível. O que tá acontecendo?". Ela: "Estou gripada, já fui ao hospital, fiz teste de covid, não é nada". Ela estava totalmente anasalada. Insisti: "Isabel, promete pra mim que você vai no hospital?". Isso foi tipo às quatro horas.*

Mobilizadora

Desde menina, você sempre fez política na vida, micropolítica, aquela do cotidiano, dos pequenos gestos que têm grande efeito. Falar com as pessoas que nos cercam, olhos nos olhos. Interessar--se por gente, querer saber, tentar ajudar. Do mais próximo ao mais estranho. Cumprimentar o porteiro com respeito, tratar bem o garçom, dar boas gorjetas, pagar os funcionários direito, intervir diante das pequenas arbitrariedades, não aceitar injustiça. Não deixar passar, não perder tempo, agarrar a oportunidade. Aquilo que todo mundo diz: *"Isabel comprava a briga dos outros"*. Mermo. Solidariedade aplicada, a compaixão como prática. A micropolítica, aquela ao alcance de qualquer um, mas que poucos se dispõem a fazer, e que reside em gestos banais. Justiça sempre foi tua obsessão, Isabel.

E nada disso era movido por cartilhas ou dogmas, religiosos ou políticos. Se era uma atitude moral, era, "na moral", broto de uma consciência criança. (Sabemos, né, Isabel, que, quando na dúvida entre certo e errado, chame-se uma criança de 4 anos!) Criados que fomos na ditadura, alienados da política clássica e institucional, isso não te impediu de desempenhar tua ética viva, prática – sabendo que nem tudo é polític<u>a</u>, mas tudo é polític<u>o</u>.

Curioso que, sempre que se referem à tua atuação pública, te apresentam como ativista, um tipo de militante. Isso você nunca foi. Ocorre que, quando você falava, você dizia, com clareza brutal, de sentimentos e ideias que pareciam estar no ar, sem que ninguém os conseguisse expressar. Você captava anseios latentes, graças à sensibilidade espantosa, e rompia silêncios, com inteligência aguda. Mas, pela vida afora, você nunca foi, nem quis ser, parte de grupos, porta-voz de nada nem ninguém. Assim como, no vôlei, você era o destaque solo a serviço da equipe, na arena social você foi uma individualista sempre a propor atitudes coletivistas. Solidariedade sem receituário.

*

Naqueles teus últimos dias no planeta, parecia que, pela primeira vez na tua vida sempre pública, você ia assumir um cargo público, um Ministério. Já tinha sido chamada e topado fazer parte da equipe de transição do novo governo, o Lula 3.0. Você tinha ganhado proeminência durante o isolamento na pandemia ao se engajar num projeto coletivo que te levou além da prática micropolítica.

Desde 2020, você participava do grupo Esporte pela Democracia; teu amigo Casagrande tinha te incluído nessa. Poucos sabem que você foi inspiração decisiva para o movimento da Democracia Corinthiana, no início dos anos 1980. Desde que te conheceu, Casagrande tinha você como referência ética, alguém com sentido claro do certo e do errado. Sempre que pediam o posicionamento dele a favor ou contra alguma coisa, era em você que ele pensava: *"O que Isabel faria?"*.

No meio da pandemia, asfixiado pelo confinamento, como todos, Casão ficou mexido demais com dois assassinatos: o do menino João Pedro, de 14 anos, morto pela polícia, no Rio; e o de George Floyd, negro assassinado por um policial branco, nos Estados Unidos.

> *Aquilo mexeu comigo, me deu uma revolta interna. Eu já estava revoltado com o governo do Bolsonaro e sua conduta em relação à pandemia. Pensei: "Não vou fazer nada? Vou ficar só revoltado e não vou agir?". Na hora me deu a ideia de fazer um grupo antirracista. Mas como montar esse grupo? Preciso de ajuda. E aí, pá! Chamo a Isabel!*

Primeira pessoa que ele procurou, você topou na hora, Isabel, e saiu convidando gente. Chamou a companheira de vôlei, Ana Moser, que teve certeza de que *"era um momento em que o esporte precisava se posicionar"*. Você explicou, numa entrevista:

Quando o Casagrande me procurou, falou de questões que também me incomodavam muito, assim como tocavam a Ana Moser, a Joanna Maranhão, a Fabizinha. Aí, procuramos vários atletas, como Serginho, Gustavo Kuerten, assim como representantes de várias áreas da sociedade. Precisávamos estar juntos e mostrar nosso pensamento. Decidimos nos juntar e falar. O grupo reúne desde gente mais à esquerda como da direita também; o nosso foco é a cidadania. É preciso respeitar a Ciência, a vida, ter ética. Não posso aceitar que façam apologia à tortura, isso é inegociável.

O grupo cresceu em tamanho e relevância, incluindo gigantes, os "suspeitos de sempre", como Chico Buarque, José Trajano, Juca Kfouri.

Lançaram um manifesto, em que expunham seus motivos e objetivos. O texto você mesma escreveu, Isabel:

Nós, atletas, ex-atletas e profissionais ligados ao esporte, cidadãos brasileiros antes de tudo, afinados com o pensamento de diversas categorias e nos juntando às vozes que pactuam com a democracia, os direitos humanos e civis, o respeito à vida e à diversidade, estamos aqui unidos em nome daquilo que sempre acreditamos e praticamos em nossas profissões e deve se estender sem restrições ao exercício cotidiano: o direito supremo à vida, a uma sociedade justa e igualitária, ANTIRRACISTA, o respeito das individualidades e o valor do coletivo em nome do bem-estar e da dignidade para todos.

O grupo marcou posição em relação à vacina da covid-19 e outras turrices do governo Bolsonaro, e levantou o debate sobre racismo, homofobia e direitos de povos indígenas. O Esporte pela Democracia, organizado com mais de quinhentos integrantes, entrou na campanha de 2022. Antes da eleição, em outubro, num encontro com Lula no Teatro da PUC, o TUCA, em São Paulo, estavam você, Casagrande e Ana Moser, que não se esquece: *"A gente se encontrou lá e marcou de se encontrar no grupo de transição. Aí Isabel faleceu. Três dias antes"*.

Escrevendo esta carta aberta, Isabel, enviei a pergunta pro Lula: "Isabel seria a sua ministra?". Em *"on"*, o presidente enviou a resposta:

> *Do mesmo modo que usava seu talento esportivo e sua força física para furar os bloqueios das adversárias, Isabel recorria ao seu vigor moral para vencer os bloqueios invisíveis, mas terríveis, que a sociedade sempre impôs às mulheres brasileiras. Guerreira, ajudou a mudar o nosso esporte e se transformou em exemplo para as jovens que dedicaram sua vida ao vôlei e levaram a bandeira brasileira ao topo do pódio nas mais importantes competições mundiais. Teve coragem para vencer preconceitos e mostrar que é possível, sim, ser mãe e atleta de alto rendimento ao mesmo tempo. E nunca se esquivou de defender a democracia nem de denunciar os impulsos autoritários que teimaram em aparecer no Brasil. Não foi por acaso, portanto, que fizemos questão de convidar Isabel para participar da equipe de transição quando vencemos as eleições de 2022. Ali, tenho certeza, ela traria sua experiência de vida, de quadras e de ativismo para a formulação de políticas realmente democráticas e inclusivas para o esporte e a transformação social no Brasil. Mas o destino, infelizmente, não quis que isso acontecesse, e Isabel nos deixou de maneira inesperada, dias após anunciarmos sua entrada na equipe. Isabel foi cedo demais, mas seu exemplo está vivo em todos nós.*

Luiz Inácio Lula da Silva, presidente da República, em *"off"*, confirmou que, sim, você seria a ministra.

*

Fico pensando, Isabel, será que você toparia a secura de Brasília? Será que seguraria a barra pesada da prática política, suas mentiras, manipulações, frustrações e traições? Paula Barreto levava fé que você ia mandar bem, apoiou e incentivou quando você a procurou:

> *"Paula, você é mais ligada ao PT, eu fico meio assim... Vou ou não vou?" Eu falei para ela ir: "Isabel, você tem que deixar sua contribuição. Não é questão de PT, PSDB. Você deve isso ao país, não pode se ausentar nesse momento". Ela: "Mas me comprometer até partidariamente?". Eu disse: "Isso não tem nada a ver com partido. Tem a ver com o Brasil, é uma contribuição pro Brasil". Dei força pra ela ir.*

Paulinha, que manja e tem experiência de "*realpolitik*", acreditava no teu pragmatismo:

> *Isabel era muito certa de suas opiniões, mas era também muito política, sabia como lidar com pessoas. Haja vista, lidou até com Eurico Miranda, uma pessoa bem difícil. Ela tinha muito jogo de cintura.*

Eu duvido muito se você teria aguentado a refrega em Brasília, mas tenho que concordar com Paulinha. Lembro de a gente, adolescente, cantando:

> *Raul Seixas e Raulzito*
> *Sempre foram o mesmo homem*
> *Mas pra aprender o jogo dos ratos*
> *Transou com Deus e com o lobisomem*

Para conseguir fazer o que almejava e achava certo, você entrava em qualquer arena, falava com qualquer monstro. Ou melhor, sabia que ninguém é totalmente bom, ou inteiramente mau. Ou quase ninguém.

*

Você e Ana Moser tinham se conhecido em 1985. Ela estava chegando de Santa Catarina, pra jogar na seleção brasileira juvenil. Mais tarde, vocês jogaram juntas. Oito anos mais nova, igualmente talhada para a liderança, Ana tem a clareza de como você a guiou:

> *Aprendi muito com ela. Em termos de postura, de ser profissional do esporte, de saber lidar com a imprensa e o público, até pela vivência dela com a cultura no Rio. Tinha uma sabedoria nessa hora, de como se portar como pessoa pública. E transformar isso dentro da quadra, tudo isso dentro da quadra. Não fora, dando entrevista, não era isso. Era a postura dentro da quadra, como se manter firme, independentemente de qualquer coisa, parecendo totalmente no controle da situação, resolvida. Tudo o que ela representou, para além das futilidades, das aparências. A aparência nem tanto assim, porque ela era bem vaidosa, a aparência também era importante pra ela. Mas ia além das futilidades. Era uma geração que pensava e questionava, que construiu o voleibol profissional. Mas ela ia além do esporte. Então, Isabel compôs muito minha história, minha vida, minha pessoa.*

Ana Moser virou ministra no seu lugar, Isabel, devidamente rifada em menos de nove meses, para que o deputado do centrão André Fufuca assumisse o Ministério. Teu amigo Antonio Grassi, com muita experiência em política pública, diz que:

> *Ainda bem que Isabel não entrou nisso. Ana Moser, muito amiga dela, acabou assumindo e foi um desastre o que fizeram com ela. Teve o cargo exposto a negociatas, foi péssimo, quase uma humilhação. Ainda bem que Isabel não passou por isso. Mas eu acho que Isabel também não toparia, não...*

Ainda parece mentira

Lembro de uma vez, eu era pequena, meu pai sofreu um acidente bem feio de moto, fiquei assustada com aquilo. Meu pai sofreu o acidente, mas minha preocupação era com minha mãe. Falei: "Se você morrer, mãe, o que vai acontecer?". Ela falou que não ia morrer e eu acreditava naquilo, porque era o nosso combinado.

PILAR SALGADO, filha de Isabel

Era um feriado prolongado, 15 de novembro tinha caído numa terça. Você tinha começado a se sentir mal na quinta, dia 10. Achava que tinha gripado, depois de entrar, ainda molhada de um mergulho na praia, no ar-condicionado muito forte de uma agência bancária em Ipanema.

Tava sem energia, corpo detonado, cabeça pesada. Mesmo assim, seguia tomando conta de tudo, em seguidos telefonemas, como sempre. Carol e Pedro disputavam um torneio em Uberlândia e você acompanhou à distância. Os dois fizeram pódio, mas Pedro deu um sustão. Depois de esforço desmedido no jogo, Pedro teve um surto de câibras generalizado por todo o corpo; evento perigoso, pois põe o coração em risco, pode provocar parada cardíaca. Correu tudo bem, ele foi internado e Carol ficou com o irmão no hospital.

Você, mesmo doente, tratou a angústia com o remédio costumeiro, caiu na estrada. Decidiu ir pra São Paulo. Teu namorado, Luis Antonio, não concordou. *"Ela tinha uma reunião de trabalho em São Paulo na segunda-feira, no meio do feriado. Eu não queria ir. Ela insistiu."* Adivinha quem prevaleceu?

Domingo à tarde, Luis foi dirigindo e você, coisa rara, foi deitada no banco de trás e, mais raro ainda, quieta. Você gostava de chegar em Sampa. Como eu, era uma carioca se apaixonando pelo que não é espelho. Tinha trabalho, gente interessante; tinha a nova amiga, Claudinha.

Claudia te encontrou na segunda de manhã; achou você *"encenando bem"* quando chegou cedinho, sete da manhã, pro café na casa dela.

> *Ela falou que estava muito gripada e ficou um pouco deitada no sofá. Tínhamos reunião às 11 horas numa produtora perto. Perguntei se ela não queria ir ao médico, se tomava alguma coisa... Não queria nada. Aceitou um chá de gengibre, achou que ajudaria.*

Claudia contou que 'cê tava bolada, e dizia sem parar que detestava ficar doente, nunca ficava: *"Você nunca me viu doente. Eu não gosto. Não gosto"*.

*

Depois de se desincumbir dos compromissos profissionais – com a garra de atleta condicionada a sempre desrespeitar seus limites –, Luis passou pra te buscar, pra uma sopa antes de deitar. Pouco mais tarde, vocês já estavam no hospital São Camilo, fazendo raio-x do pulmão e outros exames. Nada de febre, pressão normal. Na chapa, pulmões limpos... Novo teste de covid, novo negativo.

Você foi se deitar e dormiu mal, Isabel. Luis, deitado ao lado, via que você *"se mexia muito, de um lado pro outro; demoramos a cair no sono"*. De manhã, cedo, quando ele acordou, você não estava mais na cama.

Encontrei a Isabel na sala, prostrada no sofá. Recorri à Claudinha, que conhece muita gente em São Paulo, para levá-la ao médico. Ela chegou logo, e vestimos a Isabel para ir para o Hospital Sírio-Libanês.

Claudinha te encontrou inerte: *"Eu sacudia a Isabel, gritava o nome dela, mas ela estava paralisada"*. Você só gemia, Isabel, delirava. No carro, seguia insistindo que não queria ir pro hospital. Você ainda chegou lá desperta, mas com dificuldade de se movimentar e ansiosa. Foi atendida de pronto na emergência, os médicos disseram: *"A situação é grave, mas faremos tudo para controlar"*.

Claudinha ficou informando os médicos dos sintomas recentes, Luis fez contato com os filhos, avisou que o quadro era grave. Tua irmã Bia estava em São Paulo, foi para o hospital. Você recebeu uma megacarga genérica de antibióticos – até que se descobrisse o foco do problema. Mas o quadro só piorava, Isabel: primeiro, um pulmão parou de funcionar, logo depois, o outro. Quando teus cinco filhos chegaram, você já estava na UTI, entubada e conectada a uma máquina de circulação sanguínea extracorpórea. Afinal, vem o diagnóstico: infecção generalizada, causada por duas pneumonias, bacteriana e virótica. A sépsis levou a uma síndrome respiratória aguda, sem chances de reversão. Eram 2 horas da manhã de quarta-feira, 16 de novembro de 2022.

No mesmo dia, teu corpo foi levado pro Rio. Na quinta, velório e cremação, no Caju. Os cinco filhos foram vestidos de branco, Isabel. Tua família, teus amigos, próximos e distantes, fãs, imprensa, todos numa despedida com música. Destroçado, Pedro tocou violão e cantou "Eu amo você", do Tim Maia; não sabe como conseguiu.

Toda vez que eu olho
Toda vez que eu chamo
Toda vez que eu penso
Em lhe dar
O meu amor
Meu coração
Pensa que não vai ser possível

"*Pensa que não vai ser possível.*" Descrença geral. Aplaudiram você, por cinco minutos. Tuas cinzas foram jogadas no mar de Ipanema. Jornalista notável, teu amigo Lúcio de Castro preencheu de paixão um obituário pulsante de vida, minha irmã querida:

Nunca houve mulher como Isabel. Se tava complicado, era bola pra Isabel. Nas quadras. Na vida. O que Isabel foi na quadra, era também na vida. Intensidade e destemor que ninguém tinha visto antes.

O primeiro choque pra quem via aquela mulher libertária, a carioca do Posto Nove dos fins de tarde, era constatar a rigidez da criação que dava aos filhos. Quem não conhecia se surpreendia, estranhava. Quem conhecia, sabia que o pacote Isabel era aquilo: intensa na vida, mãe mais ainda.

Era tenso estar com Isabel algumas vezes. A qualquer hora, podia entrar um sudoeste, o vento que traz tempestade pra praia, e Isabel virar. Alguém vítima de preconceito na rua, ver uma cena de racismo... E ela desafiava a polícia toda, o sujeito de qualquer tamanho...

Contrariou todo o estabelecido, conciliando maternidade e esporte. Sua foto histórica, grávida de seis meses em quadra, Leila Diniz viva. Isabel foi Leila, foi Asdrúbal, foi Circo Voador no Arpoador, foi o Flamengo, a seleção brasileira, foi festa pagã e religiosa juntas e misturadas, a Ipanema que amou como ninguém e viu cada fim de tarde. Isabel era também a festa.

O exercício que mais amava, o debate. Acalorado, chegando a parecer sem volta com o oponente em alguns momentos.

Só tinha graça assim. Um almoço dos Salgados era um reality--show. Na cabeceira, Isabel comandava. Saía-se de cinema pra política, pra música, pra arte, pro Rio, pra falar mal dos outros.

Isabel desdenhou quando começou a moda de botarem chuveiro na praia. Mesmo se fosse almoçar, e adorava os almoços pós-praia, ria de quem tirava o sal pra sair da praia. Um gesto tão simples. Mas diz tanto de Isabel. Saía com sal. Gostava de sair da praia com o sal.

Sua fome de viver, de estar com os seus, sua forma de viver, sem limites, da gente se encontrar na luta, nos faz ter certeza de que é dela que Gabo falava aqui ao explicar o que é vida: "É a vida, mais do que a morte, que não tem limites". Por isso que Isabel vai seguir. Uma vida maior. Que não tem limites e vai seguir em todos nós.

Escuta o que escreveu Fernanda Torres, nossa Nanda:

Estar com Isabel nunca foi corriqueiro. Era como se aproximar de uma divindade olímpica com sotaque carioca. As mãos imensas, que sempre me chamaram a atenção; a pele morena, boa; o cabelão crespo repuxado no rabo de cavalo, os ossos largos e o sorriso dentuço. Isabel parecia um garoto grande, embora fosse muito feminina. Era praiana, direta, humorada, inteligente e atraente como um ímã.

Filhas da mesma democracia emergente, as garotas do vôlei já vieram ao mundo sem papas na língua, Isabel mais do que todas. Criada no Arpoador do Circo Voador, amiga do pessoal do cinema e mãe de cinco filhos, dois dos quais de Ruy Solberg, lenda viva do Rio de Janeiro mítico dos anos 1970, ela era o elo entre esporte e cultura, política e liberdade, raça e graça, a bossa nova e o BRock. Isabel foi a nossa Leila Diniz.

Ainda parece mentira. Como pode, uma atleta, saudável, sempre preocupada em cuidar, dos outros e de si mesma também? Tá certo, quer dizer, tava errado, você fumava, à vera, "escondido"... Mas não há indicações que os estragos do tabagismo tenham contribuído para essa conjunção fatal que te levou. Tua amiga-irmã, Moniquinha Biel, expressa bem a segurança que 'cê passava pros outros:

> *Isabel tinha a sensação, acreditava que era muito forte. E, de fato, era. Ela era uma fortaleza. Pra tudo, inclusive com a saúde dela. Isabel sempre falava: "Não quero ficar mal. Se tiver que desligar, desliga, entendeu?". Uma máxima dela. Não queria ficar dependendo dos outros. Não queria ficar doente. E morreu desse jeito, né? Pá-pum! Ela não fazia ideia de que ia morrer.*

Alguns amigos acham que você tava magra demais, cansada demais, exaurida de atender a tudo e a todos, o tempo todo. A super-mulher estaria rateando. Será, Isabel? Eu sei o trabalho que teu corpo te dava, ex-atleta de teu nível suporta sequelas crônicas e incontornáveis. Você, que botava todo mundo para andar, pedalar, cuidar da saúde, você mesma tinha mais limitações que os seres humanos normais. Por exemplo, tua querida amiga e

OBITUÁRIO
Isabel Salgado/ EX-ATLETA E TÉCNICA DE VÔLEI, 62 ANOS

A DONA DA BOLA

Uma vida de luta pelo esporte e quebra de paradigmas

Pioneira. Isabel foi a primeira atleta a jogar grávida e a tratar de temas como igualdade de gênero

professora de canto, a cantora Eveline Hecker, quando te chamou pra fazer junto com ela uma aula, bem básica, "café com leite", na academia, lembra que você deu o sorriso mais triste, desconsolada por suas limitações: *"Irmã, você não sabe, não tem ideia do tamanho da encrenca. Eu não posso fazer essa aula que você faz..."*.

Você não tinha uma relação minimamente resolvida com a ideia da morte, se é que me entende. Preferia não falar dela. Quando morria alguém, se fechava, chorava, não queria falar daquilo, queria esquecer logo, ir cuidar da vida. Eveline, que é espiritualista convicta, tentava, mas não conseguia falar disso com você:

> *Isabel era muito valente sempre em relação a tudo. Mas, na questão da morte... Fiquei tentando depois entender, o fato de ela ser atleta, a questão da força, física e de superação. Quando chegava nesse lugar de tanta vulnerabilidade, ela se recolhia.*

Pode o tempo passar, Isabel não passa. Enquanto escrevo esta carta pra você, já se aproximam três anos de tua passagem – sigo sem me conformar. Tua morte é um escândalo. De tuas irmãs, Bia não consegue falar disso até hoje. Teresa fala com raiva. Depois de dois meses catatônica, Inês, psicanalista, elaborou de algum jeito, mas chora até hoje. Todos choramos, Isabel.

Tuas filhas, de maneira sutil e indecifrável, estão possuídas por você, exalam tua energia. Carol, nas quadras, encarna você; Maria Clara investiu-se da missão de manter e ampliar tua memória; e Pilar cumpre o que você lhe disse, em sonho:

> *Tive um sonho, logo que minha mãe morreu, em que ela pedia pra eu resolver tudo. Isso ficou na minha cabeça: pra gente resolver as coisas. Não sou mais a pessoa que eu era. Minha mãe deixou pra gente uma força, eu sei que não estou sozinha. E meus irmãos sentem exatamente o que eu sinto.*

*

Primeiro Caderno do jornal *O Globo*. 17/11/2022.

Os meninos vão se se virando, Isabel, mas é diferente. Alison viveu mais essa perda, numa biografia feita delas, mas é como se fosse mais teu filho agora; enche a boca para te chamar de mãe, olha só. Pedro parece ainda estar hipnotizado pelo buraco que você deixou à frente dele. Talvez o exercício da paternidade ajude teu xodó a cruzar o buraco, ou aceitar, abrigar esse buraco no próprio peito.

Digo isso com todo cuidado; são observações minhas, é o que vejo pelas lentes do amor que tenho por você e, por extensão, por eles.

Tuta, que é como os amigos chamam a incrível Eveline Hecker, teve um sonho em que tua morte parece ganhar uma explicação, Isabel. Triste e irremediável como a morte, não é só consolo, traz algum sentido. Eveline sonhou, ficou intrigada, depois decifrou as imagens que o inconsciente dela produziu. À frente dela, Tuta via um altíssimo arranha-céu, *"como se fosse em Nova York"*. No alto do arranha-céu, lá em cima, tinha um para-raios. Amarrada à ponta do para-raios, uma canga, *"azul e branca, puída. Eu olhava aquilo e falava: 'O que a canga da Isabel tá fazendo no alto desse edifício?'"*. Aos poucos, a canga vai se soltando, soltando, se solta, flutua leve, se perde no céu.

Eveline entendeu que tudo ali era Isabel. Me disse: *"Eu entendi o sonho. A canga era a Isabel. Ela era um para-raios. E ela era um arranha-céu"*. Eu me comovi, como se enxergasse a cena, e disse: *"Ela era um arranha-céu, um para-raios, e sabia voar"*. Eveline seguiu:

> *Exatamente. Esse sonho, para mim, foi consolador, porque me mostrou que ela vivia uma situação limite de verdade. Ela não dava mais conta de si, ela não era só para-raios dos filhos, ela era para-raios da família inteira. Qualquer pepino ela abraçava, e não havia outra prioridade na vida dela. Fantasia de onipotência, talvez, da qual compartilho. Talvez por isso, também, nós sempre fomos muito amigas; porque a gente acha que vai salvar tudo. E eu acho que ela estava no limite de todas as forças.*

 Caderno de Esportes do jornal *O Estado de São Paulo*. 17/11/2022.

Maria Isabel Barroso Salgado Alencar 1960 - 2022

Vôlei perde seu ícone; o esporte, uma voz atuante

Destaque nas quadras e areia, responsável pelo crescimento da modalidade morreu aos 62 anos

MARCOS ARCOVERDE/ESTADÃO- 5/8/2016

Isabel carregou a tocha olímpica nos Jogos do Rio; homenagem pelo que fez dentro e fora das quadras

OBITUÁRIO

Isabel Salgado, um dos ícones do vôlei brasileiro, morreu ontem, aos 62 anos, em São Paulo. Ela sofria da Síndrome da Angústia Respiratória do Adulto (Sara). Integrante da seleção que nos anos 1980 foi fundamental para o crescimento do vôlei feminino no País, também fez carreira no vôlei de praia, em que foi pioneira, e se notabilizou por ser voz atuante no esporte. Na Segunda-feira, Isabel foi anunciada como membro do grupo de transição do presidente eleito Luiz Inácio Lula da Silva (PT), junto com Ana Moser e Raí, para tratar de assuntos ligados ao esporte.

A jogadora chegou a ser internada no Hospital Sírio-Libanês, em São Paulo, mas não resistiu. A Síndrome da Angústia Respiratória do Adulto é uma doença rara. É uma condição em que há acúmulo de líquido nos pulmões, dificultando a absorção de oxigênio. O quadro geralmente é causado como consequência de outra doença, quando há comprometimento do pulmão.

O corpo de Isabel Salgado será velado e cremado nesta quinta-feira, no Crematório e Cemitério da Penitência, no Rio. O velório terá início às 11h na capela histórica do cemitério. Às 14 horas será realizada a cerimônia de despedida reservada aos familiares e amigos.

Isabel Salgado teve cinco filhos. Três deles, Maria Clara, Pedro Solberg e Carol Solberg, seguiram a carreira da mãe no vôlei. A partir da segunda gestação, ela permaneceu jogando normalmente até o sexto mês de gravidez.

"Isabel foi uma desbravadora, uma guerreira. Lutou pelos seus ideais, sempre, pela sua família. Uma supermãe, uma superatleta"

Bernardinho
Ex-técnico da seleção

"Isabel Salgado não foi apenas um símbolo para o esporte, mas também de luta na defesa de seus ideais. Seu pioneirismo no esporte abriu as portas para muitas brasileiras"

Lula, presidente eleito

TRAJETÓRIA. Revelada pelo Flamengo, a carioca Isabel foi a primeira jogadora brasileira de vôlei a atuar na Europa, no Modena, da Itália, em 1980. Foi medalha de bronze com a seleção brasileira nos Jogos Pan-Americanos de 1979, disputados em Porto Rico. Participou também de duas edições de Jogos Olímpicos: Moscou, em 1980, e Los Angeles, quatro anos depois.

ARI GOMES/DIVULGAÇÃO BANCO DO BRASIL - 4/9/2001

FABIO MOTTA/ESTADÃO - 4/12/2000

Isabel foi uma pioneira no vôlei de praia brasileiro; ela teve carreira vencedora depois de se destacar e contribuir nas quadras

Ao encerrar a sua trajetória nas quadras, ele se tornou nome importante do Brasil no vôlei de praia. Sua parceria com Jackie Silva ficou marcada. Porém, foi ao lado de Roseli Ana Timm que conquistou o Mundial de Vôlei de Praia, em Miami, em 1994.

Ao se aposentar das areias, ela trabalhou como técnica e chegou a treinar as filhas Maria Clara e Carol no vôlei de praia. Em 2016, Isabel foi escolhida como um dos nomes a carregar a tocha olímpica no Rio, sede dos Jogos naquele ano. Isabel Salgado também é mãe de Pilar e Alison e deixa cinco netos.

REPERCUSSÃO. Ana Moser afirmou estar de luto e desejou sentimentos aos familiares de Isabel pela "perda irreparável". A conta oficial do Time Brasil também prestou condolências, classificando Isabel como "um dos maiores nomes do esporte" e "craque dentro e fora das quadras".

O técnico Bernardinho definiu a morte de Isabel como "devastadora". "São mais de quarenta anos de amizade, tantas e tantas passagem juntos... Uma desbravadora, uma guerreira. Lutou pelos seus ideais, sempre, pela sua família. Uma supermãe, uma super atleta. Muita inspiração, muito respeito. Que ela descanse em paz e vá levando a nossa admiração", disse o técnico.

Gleisi Hoffman, presidente nacional do PT, também lamentou. "Muita tristeza. Perdermos a Isabel do vôlei. Mulher de talento, coragem e posições firmes. Contribuiu diretamente para a vitória da democracia e estava no grupo de esportes do Gabinete de Transição (do governo Lula). Nossa solidariedade à família e a todos e todas que a admiram."

Lula exaltou a trajetória da atleta dentro e fora das quadras. "Isabel Salgado não foi apenas um símbolo para o esporte, mas também de luta na defesa de seus ideais. Seu pioneirismo no esporte abriu as portas para muitas brasileiras. Suas conquistas levaram o Brasil a outro patamar na história do vôlei feminino." ●

Síndrome é uma inflamação pulmonar grave

Síndrome da Angústia Respiratória Aguda (Sara), doença que levou Isabel Salgado à morte, consiste em uma inflama-

bacteriana nos pulmões. Segundo João Salge, pneumologista do Fleury Medicina e Saúde, trata-se de uma emergên-

doenças crônicas e fisicamente ativas, como Isabel.

A inflamação pulmonar afeta os alvéolos e faz com que

ca gasosa e absorver oxigênio, além de ter dificuldades mecânicas para expandir e contrair os sacos pulmonares.

Segundo o infectologista João Prats, da BP – Beneficência Portuguesa de São Paulo,

vid-19. No entanto, infecções em qualquer parte do corpo podem levar ao comprometimento do pulmão.

No caso da infecção bacteriana, o tratamento é feito com antibióticos. Em casos mais

Primeiro palco

Isabel tinha amor ao próximo,
era genuinamente altruísta.
MONICA BIEL, atriz e amiga de Isabel

Em minha imersão na vida que você teceu tão bonito, Isabel, recuperei os momentos em que, adolescentes, iniciávamos nossas trajetórias no mundo, e fui também atualizando e esmiuçando os capítulos adultos em que só nos acompanhávamos à distância. Logo ficou claro que algumas pessoas serviriam como elo entre o passado mais remoto que compartilhamos, e o mais recente, que não testemunhei diretamente. Claro, a primeira pessoa que me veio à cabeça foi tua amiga siamesa, Moniquinha.

Éramos inseparáveis. Penso na Isabel todos os dias. Boto uma roupa, penso se ela ia gostar. Conheço uma pessoa, penso no que ela ia achar. Vivi a vida toda com ela. Todas as minhas memórias envolvem Isabel.

Inseparável, a dupla tinha um aspecto cômico, né? Alturas disparatadas, lado a lado, você com seu 1,80 metro, ela com 1,59... Vocês duas se conheceram no colégio Rio de Janeiro, pra onde 'cê tinha ido depois de ser expulsa do freirático Notre Dame. Você

Mengão. 1982.

tinha 14 e Moniquinha, 13. (Para os leitores que 'tão lendo esta carta por trás de nossos ombros, logo conto detalhes da expulsão do Notre Dame.)

Monica Biel é um talento nato. Nasceu para ser atriz, formou-se no Tablado. Você, apaixonada por teatro que sempre foi, pegava mó carona nos trabalhos dela.

Fico me perguntando, como que duas pessoas de universos distantes foram se juntar como nós duas. Entendi que não éramos distantes. Isabel veio de uma família em que a avó escrevia, a mãe era professora. Isabel que foi parar no esporte, que não era o universo dela. Ela era muito culta, lia muito, se interessava por tudo. Ia ao teatro, ao cinema, gostava de exposições, ia aos museus. Ela tinha um radar muito curioso, realmente, vivia antenada.

Festa de casamento na padaria, com Mônica Biel.

Isso desde sempre, né, minh'irmã? Primeiro pelo exemplo em casa, de vovó Leda e mãe Marília, depois pela formação naquela Ipanema cheia de inquietação e inteligência. Entendo hoje que (e nisso ouso me identificar) fomos nutridos por ideias contraculturais, mas levamos aragens dessa mentalidade transgressora para dentro da cultura "mainstream". Você na rigidez do esporte, eu da estrutura da Globo. Curioso pensar assim. Talvez o que se convencionou chamar de "contracultura", naquela década de 1970, fosse só cultura, do contra apenas porque vivíamos nas trevas da ditadura. Ao mesmo tempo, lembrou bem Moniquinha, vivíamos uma alienação política, mas...

Não éramos jovens fechados no nosso mundinho. Queríamos mudar o mundo, que o mundo fosse bacana, tínhamos esse sentimento de amor para dar, né? A gente teve muita sorte, viveu uma

Carnaval,
com a irmã menor, Inês.

O bico desde bebê.

Transgressora,
Colégio Notre Dame.

época em que tudo era muito acessível. A gente vivia nos shows, bons, legais, Caetano, Gil, Luiz Melodia, Tim Maia. Nossa vida era essa no Rio de Janeiro. Uma juventude muito efervescente.

Desde aquele tempo, muito antes de a psicanálise ajudar você a ser ainda mais você, Moniquinha lembrou como tua atitude frente às coisas era antineurótica.

Ela era muito poderosa, não no sentido de ter poder, mas de ter personalidade. Ela queria, ela conseguia. Eu ficava sofrendo com problemas e Isabel falava: "Mônica, você está jogando veneno para dentro de você. Você não sabe nem se isso vai acontecer... não bota veneno pra dentro...". Ela tinha uma clareza muito grande. Capacidade cognitiva mesmo, estava sempre na frente, muito a ver com sensibilidade, intuição, mas, sobretudo, com a capacidade de discurso. De falar e no improviso. Ela dava as entrevistas, falava o que queria falar, não se policiava. E tinha uma coerência ali, uma força, uma capacidade. Eu ficava sempre espantada com essa capacidade dela.

Uma semana antes de você partir, Moniquinha, que você chamava de Nicks, segurou a barra de uma cirurgia séria do marido, o diretor de teatro Moacir Chaves.

Isabel falou: "Vou com você, ficar com você no hospital". Falei pra ela não ir, maior aluguel. "Eu vou. Você não vai fazer isso comigo. Não vai tirar isso de mim, eu quero ir com você". Aquelas coisas que ela falava pra gente não poder dizer não. Graças a Deus ela foi, por todos os motivos. Eu lembro de tudo, do elevador, de tudo. Isabel foi, passou a manhã lá comigo. Tomamos um café. Ela ficou me distraindo. Acabou a operação, o médico ficou de me ligar pra dizer se tava tudo bem. Não ligou. Aí eu comecei a pilhar, pilhar. Falei: "Isabel, eu não transito bem com esse negócio de...". Ela nem me deixou terminar, me conhecia muito bem: "Nicks, você vai ter que se entender com isso. Estamos envelhecendo". Uma semana depois, ela morreu. Uma semana depois, ela foi embora.

*

No corre de sempre, houve uma época em que você buscou metodizar suas palestras, pra atender aos convites e às oportunidades. O marido de sua amada Moniquinha, o diretor Moacir Chaves, manha de encenador profissional, ajudou você a alinhavar ideias. Naquelas folhas digitadas e manuscritas, aparecem tuas reflexões, tua compreensão do que passou na vida, de como chegou ali. Além da capacidade de expressão e comunicação tão próprias, aquilo comove porque dá para ouvir tua voz, Isabel. Repassando as linhas gerais da vida na lógica da memória, suas marés, correntes e calmarias. Uma parte impressa, dividida em tópicos e fases, outras folhas escritas à mão, em letras maiúsculas, como se comentando o que já tinha sido esboçado. A primeiríssima frase confirma o que eu já acreditava: *"A pessoa mais importante da minha vida, mais importante mesmo, da minha vida inteira, foi minha avó"*. Leda Rios, jornalista, poeta, mulher de destaque da década de 1920 no Rio de Janeiro, amiga de vida toda de Manuel Bandeira, melindrosa, linda, negra.

Nas primeiras páginas, há uma busca de ordenação, lógica e cronológica. Depois, são frases claramente escritas para servirem como auxílio à memória, ideias a serem desenvolvidas; há idas e vindas no tempo, cortes e associações se sucedem. A dor do joelho lesionado passa para a dor de embates com dirigentes autoritários. Naquelas tuas anotações, vi confirmada uma tese particular. Sem dúvida, você foi uma atleta excepcional, nata, jogadora extrassérie, rara combinação de força e inteligência. Mas minha tese é de que o vôlei serviu a você, antes e além de esporte, como meio de expressão pessoal, de manifestação da tua singularidade. Logo elaboro melhor, mas olha o que encontrei em tuas notas de livre associação de lembranças:

> *A minha primeira relação com o esporte foi uma sensação, um sentimento, quando eu via a Norminha e o Carioquinha pela televisão jogando basquete pela seleção brasileira. No meu mundo não tinha esporte. Na minha casa não se falava disso. Éramos muitas mulheres, esporte não era tema de conversa. Eu percebi, olhando aqueles dois, que aquilo ali era diferente do meu mundo, e aquilo me fascinou, me causou um impacto. O gestual era diferente, a maneira de se expressar era diferente, no meio daquilo havia uma liberdade. Você podia ver que cada um exprimia no jogo muito de sua personalidade. Eu estudava no Colégio Notre Dame, uma escola católica só de meninas. Nem professores homens nós tínhamos. O único esporte praticado na escola era vôlei. Na aula de educação física a gente tinha muitas brincadeiras, queimado, pique-bandeira, mas esporte mesmo, o único admitido pelas freiras, talvez por*

não haver nele contato físico, era vôlei. Esporte era coisa de menino. Meninas faziam balé.

No esporte, Isabel, mais que a diversão de pular, competir, brincar, você encontrou um meio de expressão. Que nem David Bowie, que dizia que fez rock porque era o que pintou na área, na hora. Ele era um artista total, a música foi só o veículo que achou pra erguer sua obra, dar seu recado. O vôlei foi isso pra você: seu primeiro palco.

*

Em 1983, quando eu dava meus primeiros passos como repórter na Globo, fiz aquela entrevista contigo, na rua Nascimento Silva. Na minha última provocação aquele dia, eu te perguntei se a quadra de vôlei era um palco e, você, uma atriz. Olha só tua resposta:

> *Pô, eu fico até grilada de responder isso, mas sinto um pouco isso, sabe? Eu sinto que tenho uma coisa jogando... Eu gosto de ver as pessoas, assim, olhando... Eu acho legal. Não vou esconder isso, porque é besteira. Quando eu entro ali parece que, pô... luz, aquela coisa, a gente fica iluminado. É claro que não tem a cortina. "Ah! Vamos abrir!". Mas tem o túnel, tem toda uma transa assim. Não tem camarim, tem vestiário. Eu sinto que fico meio desbundada com aquele lance de entrar na quadra. A gente meio que se transforma. A gente fica só naquilo, só aquilo que importa. Só jogar aquela partida, ganhar aquela partida. Quando você sai dali, você tá em outra. Então ali é meio mágico mesmo.*

De todos e de cada um

Só é meu
O país que trago dentro da alma.
Entro nele sem passaporte
Como em minha casa.
"Um poema de Chagal", MANUEL BANDEIRA

Tua presença, Isabel, não persiste só como acidente geográfico-histórico, paisagem e cartão-postal do Rio de Janeiro. Você está inscrita feito tatuagem no coração da gente, tanta gente – toda aquela gente a quem você deu cidadania em seu mundo imaterial.

Deixa eu explicar para quem nunca esteve pessoalmente com você. Seguinte: você, Isabel, não "passava" por nada ou ninguém. Detia-se. Olhava nos olhos. Ouvia. Falava. Fosse quem fosse, afeto: tudo e todos a afetavam, e você afetava e se afeiçoava a todos. Mermo.

Do lixeiro da praça da Paz ao padre da igreja da Paz, do garçom do chope do Veloso ao moço do suco do Polis, do carteiro ao mendigo, do poeta ao atleta, do surfista ao nerd, dos poderosos aos fodidos: sua justa atenção. Não existe expressão maior de amor que prestar atenção. Na formulação da filósofa Simone Weil:

A atenção é a forma mais rara e pura de generosidade. Mais vale a atenção que a força de vontade. A força de vontade só controla o movimento de alguns músculos. Tem algo mais estúpido que usar músculos e mandíbulas para tentar criar virtude, poesia, resolver um problema? Atenção é uma coisa bem diferente. A atenção, levada a seu mais alto grau, é a mesma coisa que uma prece. Pressupõe fé e amor.

Todos que compartilharam a vida com você têm pelo menos uma história sobre tua generosidade. Quem trabalhava com você, lembra: se entrasse um cachê imprevisto, você reunia todos e avisava... *"Entrou um cachê a mais!"*, e dividia entre os funcionários.

Márcia, cozinheira:

Na época mais difícil da vida dela, quando ela tinha largado tudo para defender o Pedro da história da acusação de doping, eu falei pra Isabel que tinha comprado um terreno, que ia construir no terreno. Ela virou pra mim: "Vale a pena comprar material pra construir lá, nesse lugar, lá longe, em Belfort Roxo? Faz o seguinte: procura uma casa legal".

Meu marido não acreditou. Ela mandou ligar para ele, falou pra procurar uma casa no tal valor que ela ia dar pra mim. Eu vi o que Isabel tava passando, disse pra deixar pra lá o negócio da casa. Ela respondeu: "Márcia, o que eu tenho que fazer hoje, vou fazer hoje. Porque não sei se amanhã vou ter condições de ajudar".

Comprei a casa, deu problema; o homem não queria sair da minha casa. Isabel foi lá pra Belford Roxo tirar o cara. Chegou de jipe, aquele jipe azul. Na imobiliária, o cara não acreditou que era minha patroa. Uma mulher grandona, né? Ela entrou: "Quem é o dono da imobiliária? Quero saber por que Márcia não pegou a chave da casa". Isabel rebocou todo mundo pra tal casa. Chegamos lá, o homem tava trancado na casa. Um monte de mato, Isabel passou pelo meio do mato.

"O senhor tem que sair, a casa já está comprada." Em cinco dias, as coisas se resolveram. Ela não era minha patroa, era minha amiga.

Nelson, motorista:

Ela me deu uma casa, e é madrinha de minha filha, Letícia. Por causa da Isabel, ela fala inglês e francês. Ficou seis meses no Canadá, intercâmbio, quem pagou foi a Isabel. Assim: "Letícia, vamos fazer um intercâmbio?".

Roseli, ex-jogadora de vôlei:

Tenho uma prótese na coluna, bem perto do pescoço. Já tinha parado de jogar. Deu aquela hérnia que pegou de jeito, tinha dores que nem morfina dava jeito. Tentei tudo que se possa imaginar, fisioterapia, acupuntura, igreja, tudo. Nada funcionava. Tinha que operar. Me internei, mas no hospital seguia com muita dor, não passava. O médico mandou esperar...Não sou de esperar, alguém tem que resolver. E Isabel é assim também, tem temperamento como o meu. Eu disse: "Chama a Isabel". Não sabia nem se tava no Brasil. Ela veio na hora. Devia estar num jantar, porque chegou com um brinco de ouro enorme, toda arrumada. "O que houve?", ela perguntou. "Não aguento mais de dor". Isabel tacou fogo no hospital. O médico se mexeu, trocou a medicação, e eu comecei a melhorar da dor. Quando abri os olhos, aliviada, falei: "Nossa, que brinco bonito!". Ela tirou o brinco de ouro na hora, me deu.

Eveline, professora de canto:

Roubaram minha bicicleta; fiquei arrasada, uma bicicleta que eu amava. Ela falou: "Então vê outra bicicleta". "Vou esperar um pouco; mês que vem talvez, não tem problema, daqui a pouco eu compro uma. Vi uma bicicleta marrom, linda". Isabel perguntou: "Muito cara?". "Muito cara pra mim, mil pratas, parcelam". Deu meia hora, tava o Nelson, motorista, na minha casa, com um envelope com dinheiro: "Isabel falou pra você comprar a bicicleta, porque ela não quer ficar sem companheira de passeio". Ela deu uma disfarçada, trouxe para ela o interesse. Comprei a bicicleta e no dia seguinte já távamos pedalando.

Isabela Scalabrini, repórter:

Conversando, antes do treino, sem microfone, falei: "Nossa, Isabel, você é muito corajosa, te admiro muito. Você sabe, eu não vou ter filho; tenho medo de ter filho por causa do meu trabalho. A Globo exige dedicação total". Aconteceu um diálogo pessoal que nunca esqueci, ficou para minha vida inteira e fico até emocionada de lembrar. Ela olhou pra mim e falou: "Você é louca?". Nunca esqueci dessa frase. "Ter filhos é a melhor coisa do mundo!". Falou isso pra mim. Ela já tinha os quatro: "É a melhor coisa do mundo, é amor, é família. Você não pode dizer isso". Isabel ficou indignada por eu ter dito aquilo. E foi falando: "Não, você não pode ter esse medo. Estou aqui eu, jogando, fazendo tudo; não é um trabalho que vai impedir você disso".

Aquilo bateu na minha cabeça de um jeito... fui pra casa e falei com meu marido. Aquilo não saiu mais da minha cabeça. Resumindo, eu tive. E sempre pensava nela na gravidez. Tive filhos seis anos depois de começar a trabalhar na Globo. Foi ela que me incentivou, porque realmente eu não ia ter coragem. Achava muita responsabilidade. Isabel marcou a minha vida e a vida de todo mundo. Era a Isabel do vôlei.

Inês, irmã mais nova:

Eu nem sabia que tava mal, muito deprimida, com depressão pós-parto, e nem sabia o que era. Lembro que tava sozinha em casa com as meninas, era sábado de Carnaval e as crianças dormiram. Beatriz tinha meses, Alice, 1 ano e meio. A casa tava um caos.

Barrigas irmãs,
Inês de óculos.

Isabel me liga de noite: "E aí, irmã, como é que tá o Carnaval aí?". Eu comecei a chorar, comecei a chorar porque não tava nada bem. "Inês, que é que houve?" Eu não conseguia falar. Ela viu que eu tava mal e falou: "Você vem pra cá agora, você vai vir pra cá agora".

"Isabel, para de ser maluca. Tenho duas filhas, uma amamentando." "Não quero saber, tô mandando a passagem amanhã. Você vem pra cá, não vai ficar aí, você não tá bem." Chamei minha sogra, que ficou com minhas filhas. Em uma semana, estava na Itália, e não em Roma, Milão, Florença... Fui pra Reggio Calabria, onde ela estava jogando, uma região bem precária.

Eu estava que nem uma planta. Bota aqui agora, vem pra cá, agora vai pra lá. Não tinha autonomia. Fiquei um mês na Itália, larguei minhas filhas.

Quando penso nisso hoje, entendo o estágio de depressão em que estava. Não lembrava que tinha filho, eu não lembrava.

Lembrava vagamente quando via uma criança pequena na rua; aquilo me vinha à cabeça. Larguei minhas filhas por um mês, mas não sei o que teria sido de mim se tivesse ficado. Estava num estado catatônico. Eu ia matar alguém, ia me matar, ou matar uma criança. Alguma coisa ia acontecer. Ela teve a sacação no telefonema, entendeu? "Vem pra cá!" Ela teve essa percepção na hora. Eu não tinha um tostão. Ela pagou tudo.

Médica osteopata, em carta enviada para Maria Clara:

Eu nunca teria ido morar fora. Hoje tenho três nacionalidades, por causa da tua mãe. Eu tinha 8 anos quando encontrei com ela, tinha ido ver um torneio. Venho de um lugar muito pobre e tua mãe conversou comigo, dez minutos. Dez minutos que mudaram a minha vida. Isabel falou da importância de estudar, da importância de se preparar, de tudo. Aquilo ficou comigo. Eu fui para fora, consegui, trabalhei, juntei dinheiro para ir para fora e hoje eu sou osteopata.

Barraqueiro de praia anônimo 1:

Isabel me conheceu na praia, falou: "Tua filha é grande, posso levar ela pra fazer um teste de vôlei se ela quiser". Minha filha não jogou vôlei, mas hoje a minha neta é jogadora profissional. Só porque Isabel levou minha filha.

Barraqueiro de praia anônimo 2:

Isabel foi a primeira pessoa que deu uma bicicleta pro meu neto.

Parece que hoje a neurociência já explica o teu modo, minh'irmã – as razões evolutivas desse seu interesse pelo outro. Não é só altruísmo. É também curiosidade, mas essa curiosidade constante tem desdobramentos psíquicos, em especial na mais corriqueira rotina, nos encontros breves, aqueles em que a gente mal olha pra cara do outro, em que não estamos onde nosso corpo está, em que nossa atenção está longe do ali e então, do aqui e agora.

O neurocientista Daniel Levitin expõe em teoria o que você fazia na prática, Isabel. Ele explica que nesses contatos fortuitos, quando se fala com alguém que não se conhece no ponto de ônibus, ou se olha nos olhos do caixa da loja e se ouve com interesse o que tem a dizer, se dá então o que os psicólogos chamam de "microinterações".

Uma microinteração é o que você sempre fez, espontaneamente. E sucede a seguinte parada: quando a gente não se deixa levar pela indiferença e estabelece conexão pra valer com um desconhecido, alguma coisa acontece no coração, ou melhor, em nossos circuitos neuronais. Ambos os lados ganham vida nessa troca; de repente, algo se ilumina. Um milagre, digo, uma reação química ocorre. As microinterações disparam a produção de oxitocina e endorfina, proteínas e hormônios ligados ao prazer, ao bem-estar. Levitin diz:

> *Navegar as intrincadas conexões e potenciais armadilhas de lidar com outro ser humano é uma das coisas mais complexas que podemos fazer. Mexe com vastos sistemas neurais, mantendo-os ligados, em forma, prontos para disparar. Numa boa conversa, nós escutamos, criamos empatia. E empatia é saudável, ativa redes em todo o cérebro.*

Saúde sua, Isabel. Ao exercitar as microinterações, diz o doutor Daniel Levitin, a gente não só se torna parte ativa da vizinhança, mas de todo o planeta. Como neurocientista, ele se destacou por ter descrito o que acontece no cérebro sob o efeito de música. Doutor Levitin compara as microinterações sócio-humanas aos tons, acordes, harmonias e melodias possíveis entre instrumentos, voz incluída. E... como especulou Machado de Assis, nosso mundo é uma ópera feita em parceria por Deus, o libretista, e o Diabo, o compositor... hehehe...

Você vivia rouca, minh'irmã, porque falava muito e falava alto. Mas adorava cantar. Quando começou a fazer aulas de canto com Eveline, ela não quis sublinhar a questão de tua voz rouca: *"Isabel tinha uma rouquidão praticamente crônica e, ao mesmo tempo, era louca por música. Para minha surpresa, ela mostrou uma cultura musical muito fina, muito sofisticada".* Quando começaram as aulas (Eveline é uma professora linha dura), disfarçadamente foram embutidos exercícios para recuperação da voz, mas com ênfase em prática, técnicas e repertório.

Ela tinha um vasto repertório de Tom Jobim, Tim Maia e aquelas coisas todas que ela gostava muito de cantar. Ela dizia: "Quero cantar Lígia". Deixo o aluno sempre escolher o que vai cantar, os desafios só aumentam. "Beleza, Isabel, vamos cantar Lígia." Achei um tom bom para ela, mas pensei: "Isso não vai rolar". Para minha imensa surpresa, ela cantava Lígia do início ao fim, com todas as notas certas. Nas passagens mais complicadas, ela sabia claramente quais eram as notas. Isso revela uma sofisticação também na música. Ela sabia exatamente a melodia de Lígia, com todas as sutilezas que às vezes ralo com os alunos pra conseguir. Uma canção dificílima, sofisticada. Ela também fazia aula de piano. Humildemente, aprendendo piano àquela altura dos acontecimentos. Gostava muito, ela gostava de cantar as coisas mais variadas. E o mais bacana é que ela se entregava como uma criança.

Você vivia por música, Isabel, e sem partitura. Nasceu sabendo que a vida é improviso (você jogava vôlei desse jeito também). E, assim como o vôlei, toda música só rola quando há mais de uma pessoa envolvida. Nem que seja uma pra cantar e outra pra ouvir – isso sem falar no duo, no trio, quartetos, conjuntos, orquestras... Viver é um barato coletivo. Mesmo os solitários o são pela ausência dos outros. Tudo o que existe, existe em relação a alguma coisa; o antes e o depois, o longe e o perto, o cheio e o vazio – o começo e o fim.

O que a neurociência ainda não explica

Como tua morte é inexplicável, tento explicar tua vida, tamanha.

Podemos entender as razões evolutivas, de como e por que os efeitos bioquímicos das microinterações azeitam os mecanismos ocultos da grande arte da vida: a arte do encontro. Mas, contudo, todavia e porém, Isabel, um traço teu essencial, gritante em cada um desses contatos com o outro, parece menos explicável na lógica evolutiva. Era um imperativo que fazia você comprar qualquer briga, um valor que não sei se cabe numa equação lógica, se já foi traduzido em linguagem científica. Estou falando de tua sede de justiça.

Em crianças, é possível observar desde muito cedo esse senso de justiça. Na real, melhor falar em senso de injustiça. É a primeira reivindicação abstrata de uma criança, queixa claramente expressa: "Não é justo!". Cedo, o pequeno faz uma relação entre o que tem e o que não tem, o que tinha e não tem mais, o que quer e o que pode – quase sempre motivado pelo que outros, em geral irmãos, têm ou não, podem ou não.

Você, Isabel, criada numa casa matriarcal, avó, mãe e três irmãs (um pai em desvantagem flagrante), viveu na prática todas as negociações por direitos e deveres numa tropa desse tamanho. Prática esta pra lá de animada, quente. Como vocês discutiam! Sempre com argumentação exaltada, mas no geral inteligente. Bonito ver como brigavam! Mais bonito ainda ver como faziam as pazes... Talvez tenha sido esse o adubo que fez arvorar-se em você a mania de querer e fazer justiça. Mas não só pra si, não, longe disso! Você atravessava a rua pra comprar a briga de um desconhecido. Mermo. Teu filho Pedro, tão parecido contigo, contou esta:

> *Eu estava andando em Ipanema e tinha um amigo meu que era camelô. Passou o rapa e eu entrei numa briga com a Guarda Municipal. Mamãe estava passando com a Vera Mossa do outro lado da rua. Quando a mamãe viu, atravessou a rua, nem quis saber o que estava acontecendo. Só me viu numa briga com polícia e entrou. No dia seguinte, estava tocando o telefone lá de casa. Era o sindicato dos camelôs do Rio querendo que ela fosse representante.*

Isabel, minha irmã, você não chamava todo mundo de "meu irmão" ou "minha irmã" da boca pra fora:

> *Não consigo imaginar a minha vida sem me posicionar. Eu estou no mundo e não consigo ficar quieta vendo quem está do meu lado sofrer uma covardia enquanto eu fecho minha janela, minha porta.*

Mitologia

Ela era assim. Não está bom para mim se não estiver bom para o outro.

No Budismo, existe uma deidade, Chenrezig, que é o Buda da compaixão.

O Chenrezig tem mil braços, como se fosse um girassol, e na palma da mão de cada um desses braços tem um olho. Isabel era isso, uma pessoa com mil braços ou mais. Ela não deixava escapar nada, não deixava de dar a mão para ninguém e não deixava de abraçar ninguém. Via tudo de todo mundo, estava lá na frente já resolvendo, ou já tinha resolvido. Era genuíno. Não pra mostrar pra ninguém nem postar no Instagram nem virar notícia.

VIRGINIA CASÉ, amiga

Pra mim, que vejo tua cara, teus cabelos, pernas e braços nas ondas de Ipanema, você era uma evidente filha de Iemanjá, pela vocação pra justiça. Mas, nos desvãos da internet, te apontam como de Iansã, o que não seria descabido em ti, rainha de raios de sedução.

Talvez, para aceitar teu mistério, Isabel, a gente precise considerar os dois arquétipos, como apresentados pelo antropólogo e fotógrafo Pierre Fatumbi Verger:

Iansã: O arquétipo de Oiá-Jansã é o das mulheres audaciosas, poderosas e autoritárias. Mulheres que podem ser fiéis e de lealdade absoluta em certas circunstâncias, mas que, em outros momentos, quando contrariadas em seus projetos e empreendimentos, deixam-se levar a manifestações da mais extrema cólera. Mulheres, enfim, cujo temperamento sensual voluptuoso pode levá-las a aventuras amorosas extraconjugais múltiplas e frequentes, sem reserva nem decência, o que não as impede de continuarem muito ciumentas dos seus maridos, por elas mesmas enganados.

Olimpicamente carioca. 2016.

Hummm, "*audaciosa e poderosa*", sem dúvida; "*autoritária*", pode ser, mas na maciota... "*Cólera*"? Às vezes bem útil na quadra. "*Sensual*", pra chuchu à beça. "*Sem reserva nem decência*"? Melhor dizer com liberdade moral escancarada, que dispensava enganação, maridos que segurassem a onda de sua honestidade. Não enrolava.

Para descrever as filhas de Iemanjá, Verger recorre ao arquétipo como detalhado pela antropóloga e poeta cubana Lydia Cabrera:

> *Iemanjá: As filhas de lemanjá são voluntariosas, fortes, rigorosas, protetoras, altivas e, algumas vezes, impetuosas e arrogantes; têm o sentido da hierarquia, fazem-se respeitar e são justas, mas formais; põem à prova as amizades que lhes são devotadas, custam muito a perdoar uma ofensa e, se a perdoam, não a esquecem jamais. Preocupam-se com os outros, são maternais e sérias. Sem possuírem a vaidade de Oxum, gostam do luxo, das fazendas azuis e vistosas, das joias caras. Elas têm tendência à vida suntuosa mesmo se as possibilidades do cotidiano não lhes permitem um tal fausto.*

Pois é, acho que você tem mais de Iemanjá mermo: "*voluntariosa, forte, protetora, altiva e impetuosa*", à vera. "*Maternal*" a mais não poder e, sim, mais de uma vez você pôs "*à prova as amizades*", e, sim, você "*custava a perdoar uma ofensa*".

República de Ipanema

Não é só que todos que te conheceram têm uma história pra contar. Sim, todos têm uma história; mas é uma história única, singular, pessoal, acontecimento exclusivo, relação íntima, muito especial. Como se cada um tivesse uma Isabel própria, desconhecida por todos os outros. Dou fé, não tô contando história alheia, falo por mim, experiência própria.

Você, a minha Isabel pessoal, única e intransferível, terá pra sempre 15 anos, eu 17. Você mora na rua Nascimento Silva, esquina com Maria Quitéria, eu na rua Prudente de Moraes, entre Farme e Montenegro. Garota e garoto de Ipanema, fomos bem acostumados, desde pequeninos. Enquanto todo mundo fala da utopia como um lugar no futuro, nós, Isabel, podemos contar que fomos criados numa utopia alojada no passado, a República de Ipanema.

> *Ipanema tem 1,67 quilômetro quadrado. Dentro dessa estreita faixa, produziu-se a maior quantidade de cronistas, poetas, romancistas, designers, arquitetos, cartunistas, artistas plásticos, compositores, cantores, jornalistas, fotógrafos, cineastas, dramaturgos, roteiristas, cenógrafos, figurinistas, atores, diretores de* TV*, modelos, estilistas de moda e esportistas de que se tem notícia no Brasil. Ali surgiram também as mulheres mais famosas do país, inúmeras delas dublando em uma ou várias das categorias acima. E todos eles, homens e mulheres,*

com características em comum: libertários, boêmios, lúdicos, corajosos, excêntricos e, por sorte, não extremamente responsáveis. [...] As mulheres de Ipanema firmaram, desde o começo, uma tradição de independência, de aprender, de querer fazer coisas. Isso incluía ter vida sexual antes do casamento – o qual, aliás, não era visto por elas como a realização final de suas vidas. Os homens de Ipanema tiveram de ser educados a esse respeito: a velha divisão de mulher "para casar" e mulher "para trepar" não existia ali.

Ela é carioca, RUY CASTRO

Dizem que a primeira mulher a ficar nua na praia de Ipanema foi a lendária bailarina californiana Isadora Duncan. Era agosto de 1915, e foi ela quem levou um carioca essencial para conhecer o bairro. Depois de assistir ao *pas des deux* de Isadora com as ondas do Arpoador, ele se tornou morador do bairro de Ipanema, o igualmente lendário cronista João do Rio.

Não sei o quanto tem de verdade na história, mas em seu romance *Praia de Ipanema*, passado nessa época, o escritor Théo-Filho fala de uma casa de ópio que funcionaria ao lado do Country Clube. Se é ficção, tanto faz, não deixa de ser precursora das Dunas do Barato.

Ipanema era, sim, só felicidade. Até a década de 1960, um bairro distante, (um) barato de se viver. Em nossa infância, Isabel, as ruas ainda eram das crianças, tráfego só tinha na rua Visconde de Pirajá. Cosmopolita de origem, aquele paraíso. No Umarizal, edifício onde cresci, viviam ingleses, americanos, italianos, alemães, franceses, coreanos e, claro, portugueses. Tinha o italiano que todos os dias corria da Montenegro ao Arpoador e voltava nadando – dizia querer morrer com um tubarão comendo sua cabeça – e o suíço que nos ensinou a quebrar a folha da babosa, planta que era mato nos canteiros do bairro, pra passar a seiva na cabeça, ótimo pro cabelo...

Foram os gringos que fundaram a risonha moral ipanemenha. Mais Ruy Castro, ipanemense de Caratinga e morador do Leblon:

A praia vazia era um estímulo a que se vivesse com pouca roupa, e o que aqueles europeus menos precisavam era de estímulo. A judia alemã Miriam Etz chegou à rua Joaquim Nabuco em 1936, aos 22 anos, vinda da Holanda, e a primeira coisa que tirou da mala foi seu duas-peças de lã, o primeiro que se viu por aqui (logo depois, ela própria confeccionaria novos duas-peças, com tecidos mais apropriados ao sol do Arpoador).
Ela é carioca, RUY CASTRO

Nós estávamos na praia, Isabel, e nós vimos quando, em 1971, Leila Diniz botou sua barriga de grávida para tomar sol em Ipanema. Chocante pensar num mundo em que era chocante uma gestante mostrar o ventre... Claro que há um parentesco entre o barrigão de Leila e o teu, quando você foi jogar gravemente grávida. Mais uma vez, o grande escândalo de ser livre, condição natural dos cidadãos da República de Ipanema.

*

Sim, o bairro era cercado pelas favelas da Catacumba e do Pinto, que foram removidas; e Pavão, Pavãozinho e Cantagalo ainda eram pequenas. Tinha pobreza, mas não tinha miséria – não precisamos romantizar, era romântico mermo.

Na praia, aquela democracia peladona, todos os sexos, classes e profissões conversavam, no tempo caymmesco que a areia imprime às relações. E a gente, Isabel, desde pequeninos, só ouvindo aquelas pessoas interessantes, aquele papo inteligente, curiosos que sempre fomos. Tudo em sintonia fácil com a saúde atlética, marombeiros levantando latas de óleo cheias de cimento, mergulhadores pegando polvos às pencas no Arpoador. Ah, e o grande esporte na areia era o futebol de praia; multidões iam assistir a times com nomes como Radar, Lá Vai Bola, Porongaba, Maravilha, Tatuís...

Nós vimos os novos esportes surgindo, cada um mais marginal que o outro. Assim: o surf era de vagabundo mermo.

O frescobol também, mas um pouco menos; intelectuais também jogavam.

Em comum, as duas atividades tinham espírito não competitivo. Pegar onda era entrar em harmonia com o mar, bater na raquete requeria caprichar pra tirar o melhor do parceiro. Bom, e aí tinha outra prática esportiva, igualmente alternativa, menos marginal, mas que também não era levada a sério: o vôlei de praia, em quartetos e duplas. (Imagina se alguém dissesse que um dia surf e vôlei de praia seriam esportes olímpicos! Será que o frescobol, um dia...)

Essa convivência sem preconceitos entre intelectuais e atletas fez tua cabeça, Isabel, e teu corpo também – numa época em que eram dois mundos excludentes. Mesmo tua mãe, a intelectual Marília, nunca chegou a entender o que era esse tal vôlei que ocupou tua vida; ela só despertou depois que você ficou famosa. Teu pai, Francisco, sacou logo, se esforçava, levava você pra todo lado, assistia a treinos, jogos. E foi ele quem apresentou você ao mundo praieiro. Carregava as quatro filhas ali pra frente do Country, quando vocês ainda moravam na rua Paul Redfern, e apontava: "Para o mar!". Das irmãs, você era a mais animada; ia nadando com ele até depois da arrebentação. Fico pensando, será que você não serviu um pouco como o filho homem que Francisco não teve?

*

Teu pai Francisco parecia resignado a ser coadjuvante na família. Sim, tinha brigas homéricas com tua mãe, Marília, a que as filhas se acostumaram – você e tuas irmãs chegavam a fazer bolão, apostando quanto tempo o bate-boca ia durar. Mas Francisco era um pai mais presente do que poderia parecer, tomava conta de vocês quatro, de um jeito doce e fiel. Era ele que ia a todos os teus jogos. Marília, sempre às voltas com livros, mestrados e doutorados, trocava o dia pela noite, estudando, ensimesmada. *"Papai não era depressivo como mamãe, ele era um tipo sanguíneo"*, bem descreve Bia. Era teu pai que buscava, levava, trazia, cuidava de filhas e netas. *"Ele ia no Flamengo levar a Isabel, buscar a Isabel, fazia parte de nossa vida. Mamãe, não."* E o Francisco doméstico era diferente do profissional. Quando foi trabalhar na mesma empresa do pai, Bia conheceu outro homem:

> *Quando eu fui trabalhar no metrô, em que ele trabalhava e eu em outro setor, vi como era diferente. Lá ele se mostrou outra pessoa: era muito querido, popular, contava muita história, piada. Papai andava de moto, era um homem muito bonito, cortejado. Nós todas achávamos que meu pai era um banana. E que minha mãe, coitada, era uma intelectual que não pôde ter a vida que gostaria. Mas não era nada disso. Na verdade, ele era muito mais divertido do que a minha mãe.*

Marília e Francisco, os pais.

Carnaval em
família, Isabel na
perna esquerda do pai.

Primeira comunhão
de Teresa, Isabel
entre ela e a mãe.

Você era divertida, Isabel, sabia ser engraçada, gostava de entreter os outros, de fazer a gente rir. Além do senso de humor, você tinha o dom do humor mermo, "timing" pra contar anedotas. Cheia de graça, solar, sempre encontrava um aspecto curioso no que parecia banal. Pra você, nada era ordinário, tudo podia ser divertido.

*

O adjetivo "divertida" não tinha mesmo como se aplicar à sua mãe. Marília era profunda, como diz Bia: *"vivia num mundo abstrato"*. Quando todos estavam dormindo, começava sua atividade; botava a roupa pra lavar à meia-noite, pra desventura dos vizinhos e irritação de Francisco. Tinha seu próprio fuso horário, varava as madrugadas lendo e escrevendo. Porém, o humor que passava despercebido no convívio, sobrava em seu texto. Humor e amor, caloroso, em prosa limpa e elegante, escrevia cheia de verve. Separei uns trechos de cartas em que Marília fala de você:

> *Que bons tempos eram aqueles em que vocês eram pequenas! Ah, e quando você tinha 2 anos e fugia para dar a volta no quarteirão na rua Barão da Torre? Agora você é uma belíssima adolescente, mas sempre a Isabelinha da mamãe, que guarda a sua primeira imagem – um nenezinho rosado, embrulhado numa manta azul – sim, porque depois que a Bia nasceu todas as mantas que comprei foram azuis, esperando que nascesse um menino. Ora, mas estou muito satisfeita com as 4 Marias.*
>
> *Que você encontre os seus caminhos – acho que já está encontrando –, da forma mais feliz possível. Que eu possa te compreender cada vez mais e que, daqui em diante, possa me tornar uma mãe um pouco melhor, pois muitas vezes fui intolerante, intransigente, muito longe da verdade que*

Corrente de irmãs, Inês, Teresa e Bia; Sempre unidas, Inês, Bia e Teresa.

procuro desesperadamente. Aliás, reconheço que fui errada com todas vocês.

Todos aqui estão loucos de saudades. Chora a Inês, toda vez que fala com você no telefone. Comove-se a Teresa, a Bia, a sua avó. Na certa, o seu pai também, embora não diga nada e mascare a situação falando nas ligações interurbanas. E eu? Bem, agora mesmo estou assoando o nariz. Ontem ouvimos "California Dreamin". A Verônica estava aqui em casa e disse: "Pô, essa música é a Isabel". É lógico que o som rodou mais seis vezes esse mesmo disco.

Marília gostava de te comparar a uma entidade divina, e era muito feliz na escolha da deusa:

Da esquerda à direita: Teresa, Marília, Francisco, Inês, Isabel e Bia (sentada).

Você parece a Pallas Ateneia, deusa protetora da cidade de Atenas, na Grécia Antiga. Atenas era a cidade grega que vencia, com seus atletas, a maioria dos Jogos Olímpicos. Além disso, Pallas ou Minerva era a patrona da sabedoria. Espero, pois, que você se lembre dos seus estudos – esporte e sabedoria – como faziam os primeiros atletas. Os gregos cultuavam o corpo e a mente, ó minha Pallas Ateneia!

*

Antes de o Brasil todo te conhecer e admirar, você já era famosa em Ipanema. Não por ser a Isabel do vôlei, famosa só porque era a Isabel. Você sabe, minh'irmã, que ninguém ali era chamado de "celebridade". Mesmo o adjetivo "famoso" a gente achava meio cafona... Pra nós, Vinicius de Moraes, Chico Buarque, Tom Jobim, figurinhas fáceis nos mesmos bares a que íamos beber chope, eram "importantes"; essa era a palavra. E eles davam sopa, deixavam os moleques ouvir a conversa deliciosa, embalada por uísque e coisa e tal.

Ipanema tinha os próprios personagens célebres, conhecidos só por gente do bairro, ratos e gatas da praia.

Internacionalmente famosos no Posto 9

Lembra do Galvão? Yoda poderia ter sido seu apelido, não tivesse sido a nobre presença dele na praia bem anterior à *Guerra nas estrelas*. Emanava um barato cósmico em seus passos diários pela praia. Baixinho, bronzeado hindu, cabelo e barba em perfeitos desalinhos, barriguinha e astral de iogue, caminhava como quem meditasse – sugestão de sorriso na cara, meio beato, meio malandro. Junto a ele, seu clone canino, um pequinês igual em cor, barba e rebolado. Junto, não. Ambos seguiam na mesma direção, não se perdiam, mas mantinham uma distância de uns 50 metros entre si. Ou ele à beira d'água e o cachorro na areia quente próxima ao calçadão, ou o cão perto do mar e lá em cima, no calçadão, o Galvão. O cara flanava num mundo próprio, não estabelecia comunicação, atitude de rei que não se dirige aos súditos. O cão igual, não dava bola pra ninguém, muito menos para outros cachorros. Gostava de tomar sol escarrapachado de costas na areia, patinhas para o alto, como em estado de nirvana, até Galvão chamar: *"Sujou, Che!"*, quando pulava imediatamente e partia saltitante.

Eu disse que Galvão não falava com ninguém, deixa eu me corrigir: com você, Isabel, ele parava para conversar. Não só conversavam como, só agora fiquei sabendo, Galvão foi decisivo na tua carreira de atleta. 'Cê tava com 17 anos e nenhuma vontade de se mudar para Belo Horizonte, onde a seleção brasileira juvenil iria se preparar para o Mundial, concentrada por oito intermináveis meses. Você acabou indo; como quem vai pro matadouro, mas foi. Numa carta que escreveu pra tua mãe, você desabafava:

> *Eu tô numa boa. Meio de saco cheio, mas vou levando. Tem hora que fico pensando "o que que eu tô fazendo aqui?". Esqueço o meu objetivo. Aqui é cheio de altos e baixos. O pessoal é um pouco careta, mas legal. Acho que eu não vou ser cortada, apesar de não estar treinando bem. Pois eles precisam de mim por causa da altura, que eu corto a bola e outras coisas mais. Eles vivem repetindo pra gente que aqui é a nossa casa durante este período, mas não dá pra entrar* [nessa]. *Outro dia eu fiquei sem sobremesa pois tomei banho na hora do jantar e cheguei atrasada. Fiquei puta, mas não é pra menos.*
>
> *O* [técnico da seleção] *Edinilton chegou aqui agora enquanto eu estava escrevendo e me deu um livro.* Demian, *do Herman Hesse. Ele é um cara inteligente, sabe? Outro dia eu tava conversando com ele, me lembrou a senhora. Ele falou que a gente hoje em dia é obrigado a tudo, falando da sociedade, criticando uma pá de coisa, mas ao mesmo tempo ele não vai contra nada, é pacato demais, sabe? Não protesta nada e não gosta de nada que protesta, e isso às vezes me dá raiva. Ele não gosta de certas músicas. Não fico com raiva por causa disso, mas sim por ele não se interessar em defender as ideias dele. Acho que ele acha inútil.*
>
> *Fui ver um filme hoje. Tive tarde livre.* À meia-noite, a ronda do prazer [filme italiano; no elenco, Claudia Cardinale, Vittorio Gassman, Monica Vitti, Giancarlo Giannini, direção de Marcello Fondato]. *Achei o maior barato. Ia ver de novo* A flauta mágica, *mas preferi não ir, para ver este outro filme.*
>
> *Tenho saudade de casa e de todo mundo daí. Olha, no dia que cê foi embora daqui à noite, eu levantei para te ligar, mas não deixaram. Eu queria dizer que eu te amo muito. Te adoro não por você ser minha mãe, mas sim pela pessoa que você é*

e pelo que você faz por mim. Às vezes eu penso que você quer me pôr pra trás, mas tudo que 'cê faz é pra me ver numa boa.

Não queria é que você fosse tão pessimista, achando que suas filhas não sabem se virar. Justo por sermos suas filhas, sabemos nos virar muito bem.

E é aí que você fala do Galvão, com quem tua mãe devia implicar, pela aparência, e essência também, radicalmente hippie:

Ah, eu queria falar uma coisa, sabe? O Galvão, do cachorrinho da praia, ele é o maior barato. A senhora precisa bater um papo com ele. Me deu a maior força pra eu vir pra Belô, sabe? É um cara consciente mesmo. E não julgue livro pela capa.

Outra aparição infalível na rotina da praia era a Mulher de Branco. Na época, tudo era mistério sobre ela, dizia-se que tinha namorado Marcos Valle, e que tinha pirado porque tomou um ácido e não voltou mais da viagem. Depois, no século XXI, o paulista Chico Canindé fez um documentário sobre ela, confirmando que, sim, fora casada com Marcos Valle. No filme, ela conta que tinha sido cantora e, desencantada do mundo, declara: "*Eu não moro em lugar nenhum do Planeta Terra; se você me pegar duas horas na chuva, eu posso estar aqui embaixo, como posso estar lá em cima da linha da chuva*". Entendeu? Nem eu. Pele esturricada de sol, biquíni sob um véu alvo a mal cobrir seu corpo, perambulava sem rumo por Ipanema. Despertava curiosidade e medo, parecia sempre braba. Todos a olhavam, mas quando ela encarava, desviavam os olhos. Menos você, Isabel, que estabelecia contato visual, em saudação respeitosa e correspondida.

*

No Posto Nove, nós veríamos o Brasil mudar, a democracia retornar. Veríamos os antigos guerrilheiros chegarem, Fernando Gabeira e sua tanguinha minúscula, e a cabeleira maiúscula de

Alfredo Sirkis, admiraríamos Caetano Veloso e sua entourage, Regina Casé e sua trupe. Petizes, circulávamos entre as tribos que ali se misturavam, vôlei, teatro, basquete, cinema. Naturalmente, você foi se tornando uma embaixadora da área, a envergadura acolhedora de sempre.

Quando o ator mineiro Antonio Grassi chegou, teve medo. Primeiro, das ondas, do marzão: *"Eu tenho pavor de mar. Eu chego lá na beira, perto da onda; quando a areia começa a fugir do pé, eu fico totalmente desequilibrado, sem chão. Nunca me adaptei, assim como nunca andei de bicicleta"*. O mineirinho, com medo de mar e de bike, tava fascinado pelo Rio:

> *Essa coisa dos cariocas, do jeito do carioca ser, eu admirava muito e, ao mesmo tempo, ficava um pouco assustado. A galera do Asdrúbal Trouxe o Trombone, Perfeito Fortuna, Evandro Mesquita, Regina Casé, Luiz Fernando Guimarães, um pessoal que me deixava boquiaberto. Eram sinônimo do Rio de Janeiro, como a Isabel também. Quando eu vi a Isabel, pra mim a encarnação do Rio, ela era tudo que eu podia imaginar que os cariocas podiam me mostrar. Isabel ia à praia. Isabel tinha moto. E eu tinha, ainda tenho, pavor de moto. Ela me desafiou, surgiu na minha vida no momento em que eu disse "Pô, o Rio tá me chamando para ver se eu tenho coragem mesmo de conviver com o carioca...".*

Namorando o Grassi, você aplicou o recém-chegado nos baratos cariocas:

> *Assim: "Vamos de moto atravessar o Túnel Rebouças". Eu na garupa, obviamente, ela me ensinando como me comportar, na curva tem que tombar o corpo... Não podia ficar naquela tensão que eu ficava. Saindo do Rebouças, pra entrar na Lagoa, aquela moto quase deitava. Lembrando hoje eu fico apavorado. Como é que eu consegui viver isso? Ela era solar, era muito luminosa. E esses desafios surgiram logo que a gente se conheceu, aquela história de ir à praia, de eu ter medo da praia.*

Suor e areia. Mundial de Vôlei de Praia em Santos. 1994.

A primeira vez que eu entrei naquela onda de aplaudir o pôr do sol de Ipanema foi com a Isabel.

Você e Grassi namoraram mais de um ano e Cazuza dizia que vocês eram o casal mais sexy da praia. Ficaram amigos de vida inteira. Hoje diretor-presidente do Instituto Inhotim, quando Antonio tornou-se atuante na política você seguiu representando pra ele uma referência, aquela visão de fora, preciosa para quem entra na vida pública:

Nos momentos de palanque, Isabel estava sempre perto. Eu convidava ela. Reuniões, muitas reuniões para discutir política, ela sempre com uma visão muito legal, de entendimento, com muita lucidez do que estava acontecendo. E sempre muito atenta, de uma forma até discreta; sabia onde estava pisando, tinha muita convicção. Realmente, ela fazia a diferença.

Mesmo sem atuação político-partidária, você impunha respeito. Autoritários sempre tiveram medo de você. Quando a campanha pelas eleições diretas uniu o país, mobilizando o povo, claro que você se manifestou. Eram os estertores da ditadura, a repressão sanguinária tava banguela, tragicamente ridícula, mas ainda assombrava a vida civil. Teu nome figura em documentos de 1984 do serviço de espionagem do regime, o SNI, Serviço Nacional de Informações, por ter feito declarações à revista *IstoÉ*: "MARIA ISABEL BARROSO SALGADO, jogadora de volei (sic): 'Sou a favor das diretas'"; e por figurar num anúncio do Comitê Jovem Pró-Tancredo, publicado no jornal *Estado de Minas*:

Nós, signatários deste manifesto, nunca votamos para presidente e convidamos todos para a inauguração do Comitê Jovem Pró-Tancredo.

Hoje às 19 horas na Praça da Savassi.

Você assinou, simplesmente: Isabel (Vôlei).

*

Você sempre foi informadíssima, surpreendia até jornalistas. Minha amada Cora Rónai, mestre do jornalismo, contou que vocês ficavam na areia do Nove, um olho nas crianças, outro no jornal, comentando as notícias, conversando até o sol se pôr. Vocês falavam de teatro, cinema, livros... À época, Cora, que escrevia peças infantis, espantou-se com teu repertório:

> *Ela não era uma pessoa em torno da qual eu gravitaria habitualmente, mas a gente sempre tinha muito assunto. Era inteligentíssima, muitíssimo bem-informada.*

Naquele tempo, a praia ainda tinha tatuí, um crustáceo pequenino, facinho de pegar na areia, à beira d'água. As crianças adoravam catar tatuí. Mais de uma vez, você e Cora saíram da praia com baldinhos carregados de tatuí.

> *A gente saía da praia, passava ali num botequim e mandava fritar os tatuís, pra não precisar fritar em casa. Só que os tatuís faziam o maior sucesso, todo mundo comia ali mesmo, não sobrava muito... Tatuí era muito gostoso, um cruzamento de camarão com siri mole...*

Incrível o gosto que a memória dá aos pratos do passado, né, minha irmã? Demos risada, eu e Cora, porque, quer saber? O tatuí era mermo uma espécie praieira de barata, uma barata que não ousava dizer seu nome... Mas que era bom, era, sim.

Com Jackie no Japão.

1971: A vocação da bola

voleibol. *jogo disputado por duas equipes, geralmente com seis jogadores de cada lado, no qual os jogadores usam as mãos para rebater a bola sobre uma rede alta, tentando fazer com que ela toque a quadra dentro da área de jogo do adversário antes que possa ser devolvida. Para evitar isso, um jogador da equipe adversária rebate a bola para cima e em direção a um companheiro de equipe antes que ela toque a superfície da quadra – esse companheiro pode então voleá-la de volta pela rede ou rebatê-la para um terceiro companheiro de equipe que a voleia através da rede. Uma equipe tem direito a apenas três toques na bola antes que ela seja devolvida por cima da rede.*

ENCICLOPÉDIA BRITANNICA

De antes, vôlei de praia era esporte de "coroas", que jogavam com regras permissivas, valendo carregar a bola com as mãos, em vez de dar a manchete. Só mais tarde a nossa geração passou a jogar também. Ali começava a revolução do voleibol brasileiro. Primeiro, os meninos, depois vocês. Lembra do Bernard Rajzman dando um saque maluco, só de sacanagem, mandando a bola pro espaço, tentando fazer ela cair no lado adversário? Aquilo começou de brincadeira pra depois virar o saque Jornada nas Estrelas, maluquice que virou sucesso mundial.

Mas não foi na praia que o vôlei te pegou, Isabel, foi... na escola.

*

"Viva o Cristo Rei!": era assim, em voz alta e clara, que as alunas tinham de saudar as freiras que entravam na sala. O uniforme completo incluía meias três quartos, sainha escocesa, gravatinha e boina. Tua mãe desistiu de contar quantas boinas e gravatas você perdeu... Sexta-feira era dia de fazer uma listinha de pecados para ter o que dizer no confessionário. Duvido que vocês confessassem invadir a clausura pra espiar as roupas de baixo das freiras no varal... Possivelmente, confessavam fumar escondido. Será que vocês diziam que o faziam no banheiro do próprio colégio?

Marília descreve suas impressões da escola das filhas:

> *"Freiras de Chapéu." Era assim que as quatro irmãs chamavam as religiosas: naquele tempo, elas ainda se vestiam com os hábitos pesados, contemporâneos à fundação da Ordem, cobriam-se de uma espécie de coifa que se abanava no alto, debruada de plissê branco, engomadíssimo. A rigidez dos trajes correspondia à severidade das disciplinas. Quem chegasse atrasado, voltava incontinente para casa. Havia fila para entrar em classe (Isabel ocupava sempre o último lugar por ser a mais alta), missa obrigatória aos domingos, rezava-se antes de cada atividade.*

Você dava trabalho, Marília escreve:

> *"Defensora dos fracos e oprimidos", é assim que Inês, a caçula, se refere à Isabel daquele tempo. À medida que crescia, criava casos com as professoras e inspetoras, porque exigia explicação para o motivo dos castigos que imputavam – a ela e a suas colegas –, desacatava ordens individuais e coletivas das quais discordava, expondo as razões da discordância (seu caráter*

batalhador remotamente despontava?), e, por fim, escalava num desafio perigoso o telhado da escola. Essa atitude de transgressão constante lhe custou muitas e muitas suspensões e várias ameaças de ser expulsa.

Ainda que indomável, teu jeito de seduzir já se manifestava:

O que mais contribuía para que ela se mantivesse no colégio era sua simpatia, o espírito brincalhão (quando não estava reivindicando direitos), a franqueza total – atestados tanto pelos colegas quanto pelas professoras. Morria de pena das crianças flageladas, para as quais as religiosas pediam ajuda financeira. Em consequência, tinha vários afilhados na África e até na Oceania. Através de donativos, as alunas batizavam por procuração meninos desvalidos que viviam nas missões católicas em outros continentes. Isabel, que sempre adorou bebês, pedia inocentemente para conhecer seus afilhados, ignorando o quanto o mundo era vasto.

O vôlei apareceu na tua vida como libertação da disciplina morrinha do Colégio Notre Dame. O professor de vôlei, um gato que pirava as meninas, Ênio Figueiredo, iria acompanhar você por muito tempo, como técnico na escola, no Flamengo e na Seleção.

O vôlei tem muitos aspectos que se encaixam com a minha personalidade. Primeiro, é um esporte coletivo. Isso tinha muito a ver com minha maneira de ser. Depois, tem uma dose de agressividade numa escala muito boa pro meu temperamento. Eu não poderia fazer um esporte de contato físico. Acho basquete lindo, mas não gosto de ninguém me tocando, me pegando, me empurrando. Isso exige um controle que talvez eu não soubesse lidar. Sou medrosa fisicamente. Gosto de você ali e eu aqui, sem contato físico. Aí vamos ver quem é melhor.

No primeiro dia que eu cheguei na escola pra jogar, pra treinar, eu já me apaixonei. Eu adorava ir pro treino, adorava conviver. O esporte tem uma liberdade de expressão que me fascinava muito. Eu saía um pouco daquela estrutura de colégio católico. Podia extravasar, podia berrar, podia pular... O vôlei, como todo esporte, é uma forma de expressão. Uma forma de falar um pouco de você. E com uma liberdade que o esporte promove no seu gestual, uma liberdade física...

*

Jacqueline Silva e Isabel Salgado nasceram uma para a outra, isso eu afirmo plenamente. Encontro cósmico, conjunção de almas, acima de tudo complementaridade de corpos, ritmo, gana, movimento. Temperamentos, também. Ambas movidas por inconformismo, você mais reflexiva, Jackie explosiva:

> *Ah, aquela escola era muito babaca. Eu nem lembro direito o que eu fiz! Eu brinquei, zombei, furei o pneu do carro da, sei lá, da freira. Esvaziei o pneu só. Mas era babaquice. Não merecia uma expulsão. Só que, quando eu fui expulsa, e a Isabel*

Ênio Figueiredo.

também, as duas foram convidadas a se retirar da escola, a minha mãe falou: "Se vira. Vai lá com o seu treinador e vê o que ele pode fazer por você. Não quero saber". E Marília também fez a mesma coisa com a Isabel. Se virem vocês, sabe? Aí o Ênio colocou cada uma numa escola. Ela no Rio de Janeiro, eu no Brasileiro de Almeida.

Ah, Isabel, claro que você não ia durar no esquema das freiras. Foi expulsa, junto com sua parceira inseparável, a Jackie. Aliás, se o vôlei foi seu teatro, Jacqueline Silva foi sua "escada" de máximo luxo. Hoje, não sou eu que digo, é opinião corrente entre quem conhece o esporte: Jackie não foi só a maior levantadora da história do vôlei brasileiro, foi a melhor de todos os tempos, no mundo.

Até hoje, Jackie sabe onde você está de olhos fechados:

Sabe o que aconteceu, Pedro? Essa história da morte da Isabel... Eu comecei a pensar na vida de uma forma assim, a pensar no fim. Das coisas serem dessa forma, assim. Acho que a Isabel tirou o time dela, entendeu? Ela queria viver de outra forma. E ela foi viver de outra forma mesmo. Eu não acho que a Isabel desapareceu. Acho que a Isabel está superpresente o tempo inteiro. Eu vejo ela, muitas vezes, assim, nesse outro lugar. Então, eu comecei a ver que... a coisa de caminhar até o Arpoador é mais que andar... é mais, é estar nesse lugar de apreciação, de vida, da vida.

Era bonito ver vocês duas na quadra, o impossível parecia fácil. Brincando, se divertindo, produziam eficiência máxima. Tudo muito rápido, na velocidade do pensamento. Dois tipos de inteligência e sensibilidade.

A tua, uma capacidade de ler o plano geral, o movimento da sua equipe e das adversárias, o olhar do juiz, a respiração da torcida – psicologia em movimento. Além do jogo de pernas, da noção de tempo, da precisão na virada, e da impulsão incomum, absurda – ossos leves?

Trama. Torneio Internacional de Vôlei de Praia, Niterói. 1993.

Com Jackie, rima de olhares.

Jackie parecia ver o jogo por uma lente zoom, diminuía distâncias com o olhar, calculava deslocamentos futuros, fazia da bola uma extensão do corpo. Movia-se e se posicionava com tal precisão que parecia haver um fio invisível ligado entre a bola e seus dedos. Um troço impressionante.

*

O supercampeão Bernardinho faz uma análise do teu jogo, Isabel:

> *Não era habilidosa jogando, mas tinha personalidade. Chamava a atenção. Quem realmente tinha muito talento era a Jacqueline. A Isabel era força, uma energia incrível. A presença dela, desde muito jovem, dentro de quadra era muito marcante. A gente se cruzava o tempo inteiro. Tinha essa coisa de caminhar em paralelo. Eu era um jogador de função, complementava. Ela já era um expoente. Como atacante, se tornou um destaque desde cedo pela capacidade. Havia pessoas habilidosas que jogavam, mas quando ela surgiu, tinha uma força natural, uma coisa dela. É aquela história: às vezes a gente acha que mede as pessoas pela altura, mas é pela envergadura. No vôlei, você não bate com a cabeça, bate com o braço.*

*

Tua irmã, Inês, que fez carreira digna no vôlei, e viu muito jogo de perto, no banco, foi testemunha de lances milagrosos:

> *Isabel e Jacqueline eram excepcionalidades. Isabel, muito inteligente, tinha um tempo de bola... Jacqueline enganava como ninguém, como ninguém. Não era só a mão, a precisão, não era só a habilidade corporal. Era a inteligência.*

O craque dita o ritmo, impõe seu tempo; isso vale para esportes e outras atividades humanas. Inês descreve que é como se pudéssemos reviver a emoção daquela cena:

> *Eu me lembro de uma jogada inesquecível que nunca vi ninguém fazer. Já vi até parecido, mas não com aquela precisão... Vem um saque e alguma atleta recepcionou mal, a bola voou lá pra trás, pro saque, lá pra longe. Jackie tava entrando, infiltrando, ela fazia infiltração pra levantar. Ela tava indo infiltrar, quando a bola estourou lá pra trás. Jacqueline saiu correndo de volta, mas saiu correndo, ela correu e, no meio da quadra, se jogou no chão. Foi espetacular. Nunca vi na vida... Ela se jogou no chão, toda suada, e foi escorregando, pelo chão. A bola tinha passado uns três metros depois da linha do saque. Ela se jogou e, deitada no chão, levantou a bola na ponta para Isabel. Eu não sei como. Isabel veio e cravou a bola antes da linha dos três metros. Jogada espetacular, Jackie espetacular e Isabel conseguir atacar daquela maneira...*

Esse encontro de craques mudou a história do esporte brasileiro, e mais: foi um lance contracultural bem-sucedido que alterou traços da cultura brasileira, vícios enraizados na mentalidade vira-lata.

Explico. Primeiro, o contexto. Naquele início de década de 1980, ditadura caindo de podre, a redemocratização já ocorria de forma consuetudinária, quer dizer, de baixo para cima, nos costumes. Antes mesmo do fim do último governo militar, sua autoridade já estava minada, desmoralizada. (O fim do regime só viria em 1985, com o primeiro governo civil em décadas, pela solução tipicamente *à la* Brasil de José Sarney – um equivalente a Pedro I, colonizador que proclamou a independência da colônia, um político que trocou a associação com os militares pela causa democrática.) A resistência e sublevação ao regime não vinham de partidos ou movimento políticos convencionais. Tinha pintado uma garotada que desafiava a tirania com nova linguagem, em seus próprios termos, descadeirando uma repressão acostumada aos adversários clássicos da dissidência. Exemplo: esperava-se que os artistas amordaçados pela censura tirassem da gaveta suas obras censuradas, numa primavera democrática. Nada, as gavetas estavam vazias. Foram os moleques do Rock Brasil que se embriagaram e embriagaram o país com a liberdade de expressão. No esporte, pode-se fazer outra analogia, enxergar a decepção da grande seleção de 1982 como um ensaio alegórico da morte de Tancredo.

A grande diferença quem fez foram vocês, Isabel. Em tal momento histórico, agonia do regime autoritário, o Brasil carecia de símbolos que encarnassem a superação do passado. Isso ocorre em processos historiais: para transcender os escombros de um sistema falido, de uma mentalidade esgotada, há de haver transgressão. A imprensa reconhece e reflete isso, com suas antenas a rastrear novas vozes. Você foi essa voz, rouca, doce, firme, nunca óbvia, uma voz livre. Também era bonita e fotogênica. Sim, Leila Diniz é a comparação imediata, mas eu arriscaria perfilar você a Chico Buarque, que chegou como namoradinho do Brasil, pra depois trair expectativas: *"A traição é da ordem da transcendência. As grandes traições se expressam nos contratos sociais rompidos e nas 'heresias' que desafiam as crenças da tradição. O traidor é um transgressor. Propõe outra lei e outra realidade"*, explica Nilton Bonder. *"Transgredir é transcender."*

Por entre as névoas da frustração futebolística na Copa da Espanha, brilharam os raios do vôlei brasileiro, uma novidade total. Até ali, o basquete tinha sido o segundo esporte nacional. O povo mal entendia as regras básicas do voleibol. Ana Richa, craque da geração subsequente à sua, lembra:

> *Perguntavam o que eu fazia. "Jogo vôlei." "Aquele da cesta?" As pessoas não tinham noção do que era vôlei, do que era basquete; só sabiam que era com bola, de regras não se sabia nada.*

Porém, há qualquer coisa de poético, um simbolismo acessível, na ideia inicial, simples, do vôlei: não pode deixar a bola cair no chão, do seu lado; ao mesmo tempo, faz-se de tudo pra mandar a bola pro chão do adversário. Não vale tocar na rede, não vale carregar a bola, é tudo só no toque, na ponta dos dedos, na palma da mão. Pelos homens, Bernard Rajzman e sua geração inauguraram a nova era. Você, Jackie e sua geração foram as mulheres que arrebataram os brasileiros.

E aqui desenvolvo minha tese da virada contracultural que vocês promoveram na mentalidade do torcedor nacional. Se formos analisar a trajetória de vocês com base em títulos e conquistas, em rendimento técnico estrito, é um currículo quase modesto. Sim, havia o efeito do ineditismo, de disputar torneios em que o Brasil nem sequer lograra se classificar até então. E, mesmo assim, temos que levar em conta que suas duas primeiras Olimpíadas só abriram vaga pro Brasil pela permuta de boicotes políticos, em Moscou e Los Angeles. Não importa, não importaram os resultados, o que fez a diferença foi a atitude de vocês. A tua garra, o teu carisma, não só a violência da cortada, mas o sorriso rasgado no ponto conquistado. Pela primeira vez, os torcedores brasileiros aplaudiam e vibravam com derrotas; olha só, que revolução! Essa foi a genial transgressão que vocês aprontaram. Mais: você chegou a interromper uma partida pra mandar a torcida parar de ofender o time adversário. E o ginásio obedeceu! Isabel... isso, sim, é subversão...

Havia no colégio uma escolinha de vôlei. Assim que atingi a idade mínima, eu me matriculei nela. O professor era um ex-atleta, louro e de olhos azuis, muito jovem ainda. A entrada dele na escola sempre provocava um frisson entre as meninas. Da minha parte, porém, o interesse era apenas no vôlei. Eu tinha 11 anos de idade.

Até hoje me lembro com muita clareza do meu primeiro treino. Eu estava com um vestido que era na verdade uma bata indiana. Eu me dei conta imediatamente que aquela não era exatamente a roupa adequada para um treino de voleibol. Mesmo assim, fiz todo o treino sem me incomodar com isso. No final do treino, o técnico veio falar comigo, dizendo para eu vir no próximo dia com uma roupa de ginástica, porque isso me ajudaria.

Esse professor era o Ênio Figueiredo, que iria se tornar um dos melhores técnicos da história do vôlei feminino brasileiro, treinador durante muitos anos da seleção brasileira. Nessa época da escolinha no Notre Dame, ele estava começando a carreira no Flamengo e iria montar uma equipe mirim. Dois meses após o meu começo na escolinha ele me convidou, com mais duas ou três meninas, para participar dessa equipe do Flamengo.

Na Gávea, Isabel, você encontrou uma segunda casa. No Flamengo, aprendeu a conviver com gente de todas as classes, do massagista Tião à roupeira Gegê, aos cartolas e o presidente do clube. Aos 14 anos, começou a viajar com a equipe, ganhou consciência do espírito de equipe, da importância fundamental da união e da amizade. E, no Flamengo, você começou a se independer dos pais.

Eu saí de uma escola só de meninas para entrar em um mundo em que havia de tudo. O Flamengo era o mundo inteiro. A chegada no clube foi um impacto para mim, um impacto muito positivo. Ali, sim, eu experimentei uma liberdade desconhecida. Ali nós convivíamos com todo tipo de diferença, a começar pela diferença de gênero, já que na minha escola eu só convivia com meninas. Tudo para mim era estimulante, era legal. O vale para o lanche, a Kombi que levava a gente para casa. A volta para casa também era uma grande diversão. O vestiário, com aquele bando de mulher pelada falando besteira. Os jogos pela cidade inteira, a descoberta da cidade.

Eu estreei sem nem saber direito as regras. O treinador ia gritando para mim as posições no rodízio. Eu era muito ruim, muito pouco habilidosa, alta demais para minha idade e por isso bastante desengonçada, mas eu tinha um biotipo muito bom para o jogo. Eu era alta, veloz, longilínea, era leve e, principalmente, eu gostava do jogo, eu tinha prazer naquela história, eu gostava de competir e aprendi rapidamente a noção do coletivo, do grupo, da batalha de todos por um mesmo objetivo.

Em suas anotações para futuras palestras, você diz que bem cedo percebeu que aquele ninho acolhedor também podia ter grades, gerar possíveis conflitos entre tua consciência e um esquema careta, tosco.

Na contramão de tudo isso, por outro lado, logo percebi que todo esse mundo novo de liberdade era muito relativo. Eu me expressava jogando, mas não podia me expressar fora do jogo. Eu ia muito para o "castigo". Tinha, por exemplo, que ficar sentada depois do treino durante meia hora.

Eu não entendia muito bem por que eu estava ali. Eles me diziam que era para eu aprender, mas... o que é que eu tinha feito? Tinha simplesmente dado minha opinião sobre um determinado assunto. A questão é que o esporte é muito hierarquizado, o que é natural e importante, mas vivíamos sob uma ditadura militar... além do mais, eu era uma menina...

Eu notei que eu era praticamente a única "frequentadora" daquele castigo. Nesse aspecto, e apenas nesse, eu era um peixe fora d'água. Eu falava, dava minha opinião, sem sentir que isso era um ato de rebeldia. Eu não queria ser "rebelde", ser diferente, apenas não estava acostumada a não poder expressar meus pontos de vista, a ter necessariamente que fazer um silêncio respeitoso e submisso frente a qualquer um, muito menos por ser um homem que estava falando.

Na época, eu não tinha a menor noção do que estava acontecendo. Não era uma tomada de posição de minha parte. As coisas simplesmente aconteciam dessa maneira. O fato é que, na minha casa, nós tínhamos liberdade para concordar ou

discordar de qualquer coisa. Não havia nenhuma opressão masculina em casa. Éramos seis mulheres e um homem, o meu pai, que não tinha nenhuma autoridade específica apenas pelo fato de ser homem. A gente discutia sobre qualquer coisa, e todos tinham liberdade para dar suas opiniões.

Uma dessas seis mulheres da casa era minha avó, que era uma presença muito forte pela vida que tivera. Vovó casou quando quis, separou quando quis, teve a profissão que escolheu, nunca ficou presa a nenhuma convenção. Eu achava que o mundo era assim, que isso era normal. Essa experiência, essa formação, moldou o meu modo de ser para toda a minha vida.

Êxtase. Jogo Sadia versus Pirelli. 1988.

Você "*não queria ser diferente*", mas era indomavelmente diferente. Nada demais, pequenas coisas, mas precisamente aquelas que eram interditadas. A comissão técnica ordenava não ir à praia em dia de jogo ou treino. Você não só ia à praia como chegava ao ginásio cheia de sal e areia, e sem o equipamento básico. Pedia emprestado, ora, de quem? Jackie, claro:

> *Isabel era muito indisciplinada, cara. E ela convencia todo mundo. Todo mundo entrava na onda dela. Ela convencia as pessoas. Ela ia pra praia, ia pro treino, não levava joelheira, não levava nada. Quando chegava no treino, treino de defesa, ela me segurava: "Minha irmã, me empresta uma joelheira aí?". Cara, você vai fazer um treinamento de queda. Ela vai te tirar uma joelheira, entendeu? E não tem como dizer: "Porra, cara, vai acabar com meu treino e o seu, que já não é muito bom...".*

Meu irmão Alberto, do basquete, treinava na quadra ao lado:

> *Falavam: que mulher feia, não leva jeito nenhum. Eu disse: "É linda de morrer e vai ser uma grande jogadora". Ela ainda não tinha estourado, era banco da Regina Uchoa, mais velha. Mas ela e Jacqueline já compunham essa equipe do Flamengo. Lembro muito dela na quadra, aquele espantalho de posto de gasolina, ali balançando fraco, mas que já tinha uma cortada muito forte. Eu falei pra ela: "Você vai ser a maior ponteira do mundo".*

Que bom que você levou fé e cumpriu a profecia de Alberto Bial.

Já em 1976, você não tinha 16 anos ainda, a primeira convocação: Campeonato Sul-Americano Juvenil, em La Paz, Bolívia. O time era Amarilda, Angélica, Ana Lúcia Gomes, Fátima, Regina, Heloísa, Auxiliadora, Maria Isabel, Rosita, Elenice, Titília, Vânia e Denise. Treinador: Ednilton Vasconcelos. No torneio com oito equipes, vocês chegaram à final e surpreenderam:

venceram o Peru, que tinha quatro veteranas dos Jogos Olímpicos de Montreal, por um categórico 3 × 0.

No ano seguinte, o primeiro Mundial juvenil, em Belo Horizonte.

O quarto lugar foi celebrado, era mesmo uma grande conquista. Você, ainda Maria Isabel, foi eleita a 21ª melhor jogadora do torneio. A equipe tinha ficado oito meses concentrada em Belo Horizonte, treinando em tempo integral, e mantendo a rotina escolar, com aulas regulares, coisa inédita. *Jornal do Brasil*, 9 de agosto de 1977:

> *Maria Isabel, 17 anos, na Seleção Brasileira Juvenil desde o ano passado, explica que depois de vários meses de convívio diário com mais de quinze jogadoras, sob o mesmo teto, conseguiu aprender muito: "No início, era uma experiência nova conhecer e assimilar hábitos diferentes. Há jogadoras das mais diversas procedências. Foi preciso aprender a ceder ou ter voz ativa em certas horas. Agora estamos em um ponto quase ideal: a casa tinha um ar de concentração que se transformou em ar de casa mesmo".*

*

Um ano depois, você se torna mãe, dá à luz Pilar, em 30 de novembro de 1978. Em fevereiro, já está jogando pela seleção carioca, ganha o Campeonato Brasileiro de Seleções, em Belém. Emenda na seleção brasileira, para jogar o Sul-Americano, em abril, na Argentina.

Considerada a melhor seleção feminina já montada, vocês chegam otimistas, dispostas a recuperar a hegemonia continental, perdida para o Peru. Na final, as peruanas vencem por 3 × 1, se classificam para as Olimpíadas de Moscou. Sua chance olímpica terá de ser buscada no Pan-Americano de San Juan, em Porto Rico.

No Pan você arrasa, Isabel; é o destaque e principal responsável pela medalha de bronze, que classifica pro Pré-Olímpico, na Bulgária. O sonho da seleção feminina de disputar a primeira Olimpíada se mantém vivo.

A mentalidade do comando já tinha mudado, vocês passam o mês de dezembro todo no CEFAN, Centro de Educação Física Almirante Adalberto Nunes, da Marinha, simulando seguidamente o confronto previsto com as duas escolas dominantes, a força soviética e a velocidade japonesa. O torneio Pré-Olímpico está marcado para 20 de janeiro, mas vocês embarcam para a Europa já no dia de Natal. Antes de chegar a Sófia, fazem amistosos pela Europa. Na Holanda, você fez uma travessura; hospedou uma clandestina, tua amiga, Moniquinha:

> *Eu e meu malão, elas tentaram me enfiar na concentração; Isabel disfarçando e distraindo alguém, Jackie subindo com a minha mala, eu me lembro. Acabaram conseguindo um lugar pra eu ficar com a organização.*

Você tava voando, minh'irmã, e Jackie mereceu o troféu de melhor jogadora do torneio. Moniquinha vibrava: *"E as pessoas no estádio? Nunca vou esquecer isso. Elas ficavam assim: 'Rá, rá rá! Maria Isabelá. Rá rá rá!'. Ela era linda, encantou mesmo todo mundo".* Pela primeira vez, o vôlei feminino vira notícia.

"Isabel, a grande atração" é o título da matéria de *O Globo*, no 30 de dezembro de 1979:

> *O estilo de jogo agressivo de Isabel, com suas cortadas violentas, fez com que ela se constituísse na grande atração da seleção brasileira, para a torcida holandesa, ontem, o público gritava em coro o nome de Isabel, que se tornou o principal nome do torneio. Time base: Isabel, Jacqueline, Fernanda, Regina, Heloísa e Denise.*

Vocês chegaram ao mundo comunista por Berlim, cruzaram a Cortina de Ferro em modo *typisch*, típico, como foi narrado na imprensa:

Vôlei feminino do Brasil é o campeão na Holanda

O Globo, 1979

As atletas brasileiras tiveram o ônibus retido na fronteira entre as duas Alemanhas por quase quatro horas. Os guardas não deram explicação, mas, segundo relatos, a culpa foi do motorista, que conduziu a delegação para o lugar errado. A confusão obrigou as brasileiras a atravessarem a fronteira a pé, numa temperatura de quatro graus abaixo de zero, com ruas cobertas de neve. Do lado oriental, outro ônibus conduziria a seleção para a concentração, uma colônia de férias da Cooperativa dos Trabalhadores Rurais, onde só havia neve e nenhuma opção de lazer. Na antiga RDA, *então vice-campeão europeia, a seleção perdeu os 3 amistosos contra a equipe nacional da Alemanha Oriental.*

A campanha no Pré-Olímpico foi um fiasco. Os times a bater eram a poderosa Coreia do Norte e as donas da torcida, a experiente seleção da Bulgária. Logo no primeiro jogo, derrota inesperada para a Hungria. Nas duas partidas seguintes, o Brasil reage, ganha do México e da Bulgária. Perdem para a Coreia do Norte. Na última chance de classificação, começamos bem contra a Romênia, mas acabamos caindo por 3 × 0. As brasileiras saíram da quadra aos prantos, o sonho dos Jogos de Moscou parecia acabado. Quando voltam, ainda no aeroporto do Galeão, ficam sabendo das críticas do Presidente da Confederação de Vôlei, Arthur Nuzman, de que faltou coragem e garra da equipe.

"Sem Justificativa", *Jornal do Brasil*, 30 de janeiro de 1980:

> *Para a jogadora Isabel, de 19 anos, considerada o grande destaque do time brasileiro, a decepção foi grande, mas ficou uma lição: "Realmente, tínhamos tudo para ganhar, e não podemos alegar nada como justificativa: o ginásio era ótimo, assim como a alimentação, o frio não atrapalhou; o técnico Ênio Figueiredo fez um excelente trabalho de preparação. O time só não conseguiu ser superior emocionalmente – amarelou, entregou o ouro, como se costuma dizer. É preciso agora que ele se imbua da mentalidade do vencedor, que aprenda a ser vencedor, sem aceitar a derrota com tanta tranquilidade".*

Você fica só três dias no Brasil, Isabel. Bernard, que já jogava na Itália, intermediou sua contratação pelo Edizioni Panini, time de Modena, berço da Ferrari e terra natal do tenor Luciano Pavarotti. Pilar tinha pouco mais de 1 ano, foram vocês duas e Deus.

No 30 de janeiro de 1980, *O Globo*:

> *Itália leva Isabel, o destaque da seleção: Maria Isabel recebeu ontem a confirmação do interesse do time italiano, através de um telefonema do técnico da equipe, Mauro Reguzzoni. Segundo a proposta do técnico italiano, a cortadora vai receber*

Guarda, Pilar! Itália.

casa, carro e alimentação, além de uma ajuda de custo em dinheiro, que ela preferiu não especificar. "Só lamento ter de deixar o Ênio, um técnico que admiro muito. Estou sinceramente triste, apenas por isso, mas não poderia desprezar esta oportunidade tão boa; ainda poderei disputar partidas pelo Flamengo, quando voltar. Sei que Ênio também vai sentir minha falta, mas compreendeu que a viagem será muito boa para mim, tanto que me incentivou a fazê-la".

Jornal do Brasil, do mesmo dia:

Mudança: O vôlei italiano é a próxima meta de Isabel. Ela não pretende, no entanto, abandonar a Seleção Brasileira achando que poderá conciliar as duas coisas, assim como os demais jogadores brasileiros que estão na Itália: Bernard, Badá, Grangeiro, Montanaro e William.

"Tenho Bernard, que está fora há dois anos, como exemplo. Sei que não vou poder me dedicar ao treinamento da Seleção e terei que fazer minha preparação sozinha. Mas sei também que não vou sair prejudicada porque o vôlei italiano vai me exigir muito – os jogos são sucessivos. Além disso, precisarei jogar com mais seriedade ainda. Até hoje, joguei por puro amor ao esporte, mas precisarei agora ter maiores compromissos." Isabel, primeira jogadora brasileira a ser convidada para jogar no exterior, não revela o valor de seu contrato com o time de Modena. Diz apenas que terá grandes facilidades, como apartamento, carro e alimentação garantidos pelo clube – e boa ajuda de custo. "Financeiramente, minha proposta é inferior às dos jogadores que foram antes para lá. Mas acho que ela foi vantajosa, pois vou conseguir manter minha condição de amadora, garantir meu sustento e continuar fazendo o que gosto: jogar voleibol. Não vou ficar milionária, mas vou ter tranquilidade para seguir me dedicando ao esporte e sustentando minha filha. Não acho importante o quanto vou ganhar, porque isso é secundário. O fundamental é a experiência que vou ganhar."

Beneficiada pelo boicote dos Estados Unidos, que foi seguido por vários países ocidentais – uma reação à invasão soviética do Afeganistão –, a seleção de vôlei feminino é convidada para os Jogos de Moscou. É a primeira vez do voleibol feminino brasileiro numa Olimpíada. Apenas oito seleções participaram da competição.

Vocês jogaram bem na estreia contra a Hungria, venderam caro o 3 × 2. Mas, depois da derrota, o confronto com a Bulgária era decisivo para a classificação: fomos atropelados, 3 × 0. Duas derrotas seguidas, vocês partem com tudo pra cima da Romênia, abrem 2 × 0, mas permitem a virada, 3 × 2. O resultado era o fim do sonho de medalha. Para disputar do 5º a 8º lugar, de cara, a grande rivalidade: Cuba. Um passeio das cubanas, 3 × 0. Na decisão pela 7ª colocação, vocês arrebentam, fazem 3 × 0 na Romênia, fecham com vitória a primeira participação olímpica do voleibol feminino.

O penúltimo lugar na competição rendeu um troféu de consolação. Na volta ao Brasil, Jacqueline, que tinha ficado encarregada de tomar conta da taça, enorme, deixou o valioso trambolho, pesado, num canto, até o embarque. Um árbitro olímpico achou que o troféu era um cinzeiro, apagou o cigarro ali. Jacqueline mandou o sujeito limpar as cinzas – ela falava em português, ele se fazia de desentendido noutra língua. Distante da cena, o time morria de rir da situação.

A Olimpíada terminou com ouro para a URSS, prata para a Alemanha Oriental e bronze para a Bulgária.

> *Me diz, professor: a minha juventude devo dar à minha família? Minha inteligência devo dar à escola? Meus sentimentos, ao serviço militar? Meu amor, a todos os homens? E o meu trabalho, pra qual safado?*
>
> EVANDRO MESQUITA, na peça *Trate-me Leão*, de Asdrúbal Trouxe o Trombone

Na convocação seguinte, irrompe a primeira grande crise de sua carreira. Você tinha que se apresentar na segunda-feira, dia 8 de setembro, no CEFAN, o centro da Marinha, na Avenida Brasil, na Penha, distante de Ipanema. Você não acordou. Ênio tinha chegado a te emprestar um carro, para você não perder a hora. Irmã, me perdoe, isso não se tornou público, mas Jackie abriu, e eu vou explanar: você tinha ido a uma festa na véspera, dormiu tardão, chegou 40 minutos atrasada. Você contou assim:

> *Na manhã da apresentação, acordei tarde. Saí desesperada. Só de lembrar, começo a suar. Peguei o caminho errado porque não costumava circular por ali... Tentei dar uma ré... eu dirigia muito mal... Aparece um guarda, começa a apitar, mas acaba me ajudando a dar essa ré. Quando finalmente cheguei ao treino, fui cortada, não teve papo. Achei muito injusto, eu era uma atleta muito dedicada, e no primeiro treino... não me deixaram nem explicar... Entrei no quarto e comentei com Jacqueline.*

Solidária a você, braba, Jackie foi argumentar com a comissão técnica, e ouviu: *"Não gostou, pede dispensa"*. Ela pediu.

Nuzman, presidente da Confederação, viu teu atraso como uma provocação. Já Ênio lamentou teu afastamento, e garantiu que nada impediria você de ser convocada no futuro. Teu técnico desde sempre, Ênio declarou: *"Isabel é uma jogadora de temperamento difícil, com personalidade marcante, mas o afastamento lhe trará maturidade"*. Sobrou mermo pra Jackie, Ênio disse que a atitude dela foi mais grave: *"Jacqueline deveria pensar na importância de um campeonato Sul-Americano e não se deixar levar por sentimentos de amizade"*.

No Chile, o Brasil chegou em segundo lugar. Deu Peru de novo.

*

Isabel, a gente sabe que não ficou no corte. Nuzman, respaldado por uma resolução do CND, o Conselho Nacional dos Desportos, arrumou uma punição que lhe custava caro, em todos os sentidos; instituiu uma nova regra, impedindo que atuassem no exterior...

[...] *atletas que tenham integrado delegação participante de Copa do Mundo, Campeonato Mundial, Jogos Olímpicos e Pan-Americanos, não podendo ultrapassar o prazo de um ano a contar do encerramento oficial dos referidos eventos.*

Muito palavrório para dizer: é proibido jogar fora do Brasil. Você botou tua voz no mundo, e fez muito bem em classificar a decisão de *"absurda e antidemocrática"*.

*

Você e Jackie voltaram à seleção no ano seguinte, em julho de 1981, e jogaram a Universíade na Romênia. Duas coisas marcaram você: ter jogado contra as chinesas: *"Elas jogam demais. Quando pensávamos em bloqueá-las, a bola já estava no nosso campo"*; e ter ganhado a medalha de bronze, batendo as romenas na casa delas.

Publicamente, Ênio saudou a campanha, dizendo que *"A união entre as atletas valeu mais que a medalha conquistada"*. Nos vestiários, tenho para mim que você tinha guardado um travo do corte do ano anterior. Muito jovem ainda, não tinha desenvolvido o rebolado político que te serviria noutras encrencas futuras. O que pode nos ajudar a entender o episódio mais dolorido de tua história na seleção.

O Campeonato Sul-Americano seria em agosto de 1981, em Santo André, em São Paulo. Jogando com nossa torcida, havia a possibilidade concreta de retomar a dianteira no continente. O time era o mesmo que tinha ido bem na Universíade. Você não parecia cem por cento fisicamente, e Ênio queria te poupar, guardá-la para os jogos decisivos. Sobrando na turma, o time nem tomou conhecimento de Uruguai, Chile e Paraguai, nove sets a zero. Mas, contra o Paraguai, Jackie não gostou de ser substituída. Você nem entrou, ficou no banco enquanto a torcida pedia, gritava teu nome insistentemente. No treino do dia seguinte, segundo relatos de outras jogadoras, você e Jackie fizeram de tudo para demonstrar insatisfação, cara feia e corpo mole. Mais tarde, você disse:

Tinha uma sacanagem rolando, um certo boicote com a gente, especialmente com a Jacqueline. Até que uma hora o Ênio chamou nós duas e disse: "Olha, ou vocês vão pro banco e ficam quietas ou então vão embora". Olhamos uma pra cara da outra e dissemos: "Então vamos embora".

Foram cortadas, no ato. Ênio ficou magoado:

Isabel mentiu quando disse que eu não a deixava jogar. Foi ela quem pediu para ser afastada dos treinos devido a dores abdominais. Depois, procurou a imprensa e alegou que se sentia em condições de jogo, embora não conseguisse realizar vários exercícios na quadra. A verdade é que Isabel está conseguindo destruir Jacqueline. Teve todas as regalias dentro da equipe. Mandamos até buscar sua filha e seu sobrinho para ficarem com ela no hotel.

Tudo muito, muito chato e, para completar a lição amarga, você e Jackie tiveram de assistir pela televisão à vitória épica na final, duas horas de drama contra as peruanas, vitória por 3 × 2. Depois de onze anos, as mulheres do vôlei reinavam de novo no continente.

Ainda adoro o Ênio. Ele me cortou mais de uma vez, mas isso passa. Porém, na época, fiquei realmente muito chateada. As meninas ganharam do Peru lindamente, foi incrível. Mas, imagina ver aquilo pela televisão, depois de ter treinado meses. Tudo bem, hoje olho pra trás e é apenas uma história.

Anos depois, você aprofundaria essa autocrítica, reconhecendo que, muito jovem, tinha sido imatura e intransigente. Mas, naquela atmosfera de ditadura caindo pelas tabelas, a pressão incontível por democracia, qualquer gesto de rebeldia era idealizado e festejado. Como sua antecessora histórica, Leila Diniz, você mandou ver em entrevista para *O Pasquim*. Helena Carone te apresentou assim:

> *Atleta desde os 11 anos, campeã de seleção desde os 15, Isabel é uma estrela maior do esporte menor, amador. Tornou-se conhecida fora do restrito meio do vôlei quando foi cortada da seleção antes da final contra o Peru, pelo Campeonato Sul-Americano que foi transmitido para todo o Brasil graças à disputa entre as redes de* TV. *Foi acusada de indisciplina e até de ser "sapatão", porque outra importante atleta entrou na confusão e pediu para sair também.*

Eram tempos em que se "acusava" alguém de ser homossexual. No palco iluminado d*O Pasquim*, te caiu com perfeição o figurino de insubordinada:

> *O negócio é o seguinte: a gente é amador, então não ganha nada, não é? Faz por amor, faz por patriotismo, ou por sei lá o que seja. Mas eu não faço. Chegou uma hora que comecei a achar que um cara que treina seis horas por dia vai viver de quê? Ou ele tem pai rico, ou um cafetão por trás, ou... sei lá, um cara pra bancar o jogo. Ninguém tem, eu não tenho. Depois que tive minha filha, me separei e comecei a precisar pedir coisas; até então não precisava. Comecei a pedir escola, bolsa de estudo. Pedia tudo que me vinha à cabeça que precisava, pedia comida. Eu queria voltar pra Itália, já tinha até creche pra minha filha, e na semana da viagem o Nuzman me disse secamente: "Você não vai mais". Com 15 anos, eu já estava na Seleção Brasileira, titular, quando pela primeira vez fiquei no banco, briguei, tive problemas na Seleção. Desacatei, de um certo modo, se isso é desacatar. Não considero assim.*

Hortência, ex-jogadora de basquete, lembra:

Naquela época, havia uma rivalidade entre o voleibol e o basquetebol. O basquete era o segundo esporte do país, e depois teve essa mudança, o vôlei nos ultrapassou. Quando a TV Bandeirantes começou a passar os jogos do basquete e do vôlei, praticamente a gente cresceu junto. Até fomos capa de revista ao mesmo tempo. Eu e ela... Isabel era uma pessoa que sempre admirei. Maluquinha, falava o que queria, brigava pra caramba, era politizada, peitava o presidente da confederação de vôlei.

1982: O ano que mudou tudo

Quando fizerem o filme de sua vida, o recorte biográfico que se impõe é do ano de 1982, em que todos os elementos de sua história se concentram em síntese, o "big bang" do seu universo particular.

Nada indicava que 1982 seria extraordinário, que iria mudar tua vida esportiva, e tua vida toda, para sempre. Naquele ano você se tornaria a face mais luminosa de um fenômeno, sua estrela maior, consagrada como a "musa" de um Brasil transformado. Teu sorriso, Isabel, inebriava a gente de esperança.

Como imaginar que 1982 seria um ano de reconciliação e redenção? No começo, ao contrário, os caminhos pareciam bloqueados; foi um calendário tortuoso. Em abril, um gesto de força prática e simbólica: Jacqueline foi "anistiada", Ênio reconheceu o amadurecimento dela, e a convocou para o Mundial vindouro. A volta de Jacqueline parecia a preliminar pra tua reaproximação, a deixa pra tua volta à cena. Vocês duas transgrediram juntas, juntas foram castigadas, por isso natural que fossem absolvidas as duas.

De sua parte, você se empenhou para justificar, tornar obrigatório teu retorno à seleção. Para isso, fez o que fazia melhor: jogar. Você tava tinindo, minha irmã, 21 aninhos em plena forma, cheia de garra nutrida pelo desejo de justiça, pela chance de revanche. Vestindo sua camisa sete rubro-negra, você não subia, voava, pairava; não cortava, amassava, esmagava a bola.

Líder inconteste do time, comandou a conquista invicta da Copa Brasil.

Ênio foi a Belo Horizonte assistir à final contra o Paulistano. Nem tentou esconder a satisfação, seu encanto e alegria, radiante que ficou com o que viu, com o show que você deu. Afinal, ele sempre se orgulhou de ser seu "autor" – o que era, em certa medida, claro, no mínimo, seu "descobridor". Na quadra, viu-se uma Isabel segura e madura, equilibrada. Além do show de bola, desempenho técnico e tático perfeitos, você exibia a postura emocional correta, com respeito aos árbitros; uma Isabel exemplo de disciplina. Depois do título, Ênio declarou: "*Isabel está merecendo voltar para a seleção*".

Parece que Ênio não tinha combinado com o presidente da CBV. Carlos Arthur Nuzman retrucou, publicamente, em termos autoritários: "*Não há a menor possibilidade desta atleta retornar à seleção brasileira. Ela permanece cortada por motivos de disciplina*". Atribuía-se a bronca à entrevista a *O Pasquim*; tuas críticas teriam queimado pontes. O *Jornal dos Sports* marcou posição, em editorial de junho de 1982 entitulado "A prepotência contra Isabel":

> *É fato consumado: Maria Isabel Barroso Salgado está definitivamente fora da Seleção Brasileira, que vai disputar o Mundial de Voleibol em setembro, no Peru. Isabel, a grande jogadora do Flamengo e da Seleção Brasileira, foi vetada, este é o termo certo, "por motivos disciplinares", embora o seu nome tenha sido incluído, pelo técnico Ênio Figueiredo, na relação das atletas que deveriam ser convocadas. Ênio Figueiredo vem acompanhando a trajetória de Isabel desde o seu tempo de estudante, ainda com 10 anos de idade. Levada, ainda menina, para o Flamengo, todo o vigor e desenvolvimento técnico de Isabel logo desabrocharam e, aos 15 anos, ela já estava na Seleção Brasileira de Juvenis e na reserva da Seleção principal. E essa atleta destacada, considerada pelo técnico da Seleção como digna e capaz de integrar o quadro brasileiro para a disputa de um campeonato de grande importância para o esporte*

nacional, é vetada pelo presidente da Confederação, Carlos Arthur Nuzman. Nuzman descarrega todo o seu arbítrio sobre a atleta, sob a alegação de indisciplina. Com isso ele dissimula a verdadeira causa do seu procedimento: o seu não conformismo ante o comportamento de uma atleta de personalidade forte, que não teme externar o seu pensamento sobre o que considera errado na condução das coisas relacionadas com o esporte a que, com tanto empenho e zelo, se tem dedicado. O mínimo que se poderia esperar do Sr. Nuzman era o respeito à indicação do técnico Ênio Figueiredo, e não essa triste demonstração de prepotência.

Mas... contudo, todavia, porém e portanto... ah, minh'irmã, nada como uma bola depois da outra, com uma rede no meio – alguém tinha que ceder. Tenho para mim que Nuzman recuou, porque, apesar de cacoetes tirânicos, não tinha compromisso com o erro. Como o ídolo dele, João Havelange, entendia e administrava o esporte como um negócio – e estava se tornando um ótimo negócio. Nuzman não podia abrir mão de tua *"star quality"*, Isabel.

Determinado a levar o vôlei para a televisão, Carlos Arthur perseverava numa campanha de convencimento de que os jogos dariam "ibope". Não era fácil vencer as resistências da TV em geral, e da Globo em particular, para que os jogos fossem transmitidos. Nessa época, o voleibol ainda guardava a regra da "vantagem" entre um ponto e outro, era impossível prever a duração de uma partida. Certeza era de que, quanto melhor fosse o jogo, mais interminável. Luciano do Vale, então narrador da Globo, aliou-se a Nuzman. A transmissão, na Globo, da final contra o Peru, no Sul-Americano, tinha sido um sucesso. Ainda assim, um campeonato não é feito só de finais, ao contrário... O tempo imprevisível de transmissão não cabia na lógica comercial da Globo. Luciano levou a ideia para a Record. Uma boa ideia.

*

Cônsul desmente que coreanas apanhem de técnico

Jornal dos Sports, 1982

Sediar o Mundialito de Voleibol Feminino no Ibirapuera foi uma aposta atrevida. O torneio reuniu as melhores seleções da época, para servir de preparação para o Mundial no Peru, no mês seguinte. Era também um teste do potencial do vôlei feminino na televisão. A transmissão ao vivo pegou: a Record chegou à liderança em alguns jogos.

Isabel... você, Vera Mossa, Dulce, Jackie e todas as companheiras, as "meninas do vôlei", como até hoje são chamadas as nossas supermulheres, desempenhavam sua arte com maestria. Mas deve-se acrescentar à performance esportiva o fator imagem, a fotogenia. Vocês traziam uma beleza inédita em eventos esportivos; lindas, tinham rostos expressivos, corpos torneados, movimentos fortes e graciosos a um só tempo, um encanto total. *Sex appeal* e vôlei, tudo a ver. Cambalhotas, pernas pro ar, gotas de suor, gritos e gemidos, havia um componente sensual inegável no espetáculo. Sem censura.

Vocês ainda estavam para se dar conta da promessa que representavam, não por acaso. Na época, como você contava:

> *Não tínhamos público. Público era pai, mãe, amigo... Meia dúzia de pessoas, jogar em ginásio muito grande era sempre meio chato, e quando a gente soube que ia jogar no Ibirapuera... a gente falou: "Ah, que pena, vai ficar aquela coisa vazia, horrorosa, aquele eco...".*

Ao entrar no Ibirapuera, vocês ficaram desacorçoadas. Tinham como certo que o grande ginásio ficaria vazio, lembra tua amiga Vera Mossa:

> *O Ibirapuera é grande, né, gente? Pra gente, naquela época, era impossível lotar o Ibirapuera. E, realmente, quando a gente chegou para o primeiro jogo, aquela parte de cima lá do Ibirapuera estava toda vazia. E ali, naquele outro círculo mais perto da quadra, tinha gente, mas também não tava lotado.*

Se as arquibancadas não ajudavam, vocês encontraram inspiração nos vestiários. Você também lembra? A Vera diz que:

> *Nós entramos no vestiário, tinha aquelas luzes de camarim, sabe? Começamos a brincar, nossa, como se fôssemos grandes estrelas do esporte e como se fosse tudo uma grande brincadeira. Uma grande brincadeira, não um jogo, uma grande brincadeira.*

Mas fortes são os poderes da imaginação. O faz de conta começou a virar realidade. No primeiro jogo, fizeram 3 × 0 nas argentinas.

O segundo jogo mudou a história do esporte brasileiro – foi contra a Coreia do Sul. Além de a torcida brasileira ter comparecido

Rebeldes que sempre lutaram por seus direitos

O Globo, 1992

em maior número, a colônia coreana de São Paulo veio em peso. Jogaço, durou 2 horas e 19 minutos. Fala, Isabel: *"Foi o primeiro jogo de que o público brasileiro participou efetivamente e maciçamente, o ginásio tava lotado"*. O Brasil abriu dois sets a zero, bem, por 15 × 13 e 15 × 8. *"Ali foi a hora que o vôlei explodiu... O público começou a interagir com o jogo. Aquilo foi muito incrível."* As coreanas reagiram e empataram com autoridade: 15 × 3 e 15 × 4; no quinto set, abriram 7 × 0. *"A gente tava perdendo, eu lembro que comecei a ver o público indo embora."* Você liderou a reação, encostaram no placar, mas as asiáticas resistiam, chegaram ao 14º ponto, 14 × 8. Mas *"a gente começou a virar o jogo, o público começou a voltar, e começou aquela coisa 'Brasil! Brasil! Brasil!'"*.

Rolou o milagre: quadra e arquibancada se tornaram uma coisa só.

“Medalha não enche barriga de ninguém”

Pasquim, 1981

Na virada de 14 × 8 para 15 × 14, você fez seis dos sete pontos! – botando toda bola no chão e a torcida no céu. Luxo só, Jacqueline fez o décimo sexto ponto. A torcida invadiu a quadra, comemorou com vocês. Carnaval no Ibirapuera e o voleibol, nova paixão nacional.

Vera Mossa se emociona até hoje:

> *E nós ganhamos; pela primeira vez na história do vôlei feminino, nós ganhamos da Coreia. O Brasil nunca tinha ganhado da Coreia no vôlei feminino. Foi uma coisa, os jornais falando “Brasil ganha pela primeira vez da Coreia!”.*

No dia seguinte, o escândalo: atletas coreanas apareceram com evidentes marcas de violência no rosto. Teriam sido agredidas pelo treinador Ho Kwan Jeon, como punição pela derrota. A intérprete brasileira da delegação coreana chorou ao presenciar a cena. O cônsul da Coreia desmentiu tudo.

Castigos físicos, porém, não eram incomuns na cultura esportiva asiática.

Vera Mossa lembra de um incidente no Japão em que você interveio: "*Era um jogo treino e o técnico pediu tempo, começou a gritar com o time. A capitã retrucou, deu uma resposta de que ele não gostou. Ele fechou a mão e deu na cara dela, de mão fechada*". Você, Isabel, não deixou passar:

> *Ele cerrou o punho e deu três socos nela. No primeiro soco, eu olhei estarrecida. No segundo, já me preparei pra correr. Quando ele deu o terceiro, eu senti o Ênio e o assistente me segurando, enquanto eu berrava com o técnico japonês, que sabia falar espanhol. Eu gritava: "Você é louco!". Foi uma confusão.*

Vera conta, cheia de orgulho da amiga:

> *Por mais que todo mundo tenha ficado horrorizado, ninguém teve a coragem de reagir como Isabel: "Para tudo!", ela começou a falar alto, a gesticular. "Para!". Ele parou, mas já tinha batido, né? Ficou muito sem graça. Quando acabou o jogo, ele foi pedir desculpas pra gente, com o intérprete. Fizeram um jantar pra nós, a menina chegou no jantar... sério: uma bola roxa assim, enorme, no olho direito, servindo todo mundo.*

Você foi atrás dela, Isabel:

> *No banheiro, eu consegui me comunicar com ela, dizer que aquilo era um absurdo, que o cara era um maluco, mas ela só ria, com uma atitude submissa. O técnico acabou levando uma advertência severa, e isso, na hierarquia deles, era algo fora da curva, pois ninguém era repreendido por fazer algo contra uma*

Capa da *Veja*. 1982.

atleta. Anos depois eu joguei na liga japonesa, conheço bem a dinâmica deles. Adoro o Japão, mas odeio essas coisas.

Vera Mossa presenciou outras reações suas semelhantes, Isabel:

Isabel era assim, não aguentava ver e ficar quieta, era muito justa. Tinha uma questão difícil, Isabel reagia. Ela sempre reagia a qualquer injustiça que percebesse. Coisas a que a gente em geral não reage, sabe? Ela era muito diferente, não se calava diante de injustiça.

*

A incrível vitória sobre a Coreia do Sul conseguiu a façanha de unir as torcidas do Corinthians e do São Paulo. No terceiro jogo do Mundialito, doze mil torcedores acreditavam que vocês podiam repetir a zebra contra o Japão – a escola hegemônica, máxima referência no mundo. Nosso trunfo podia ser o tamanho, vocês eram bem mais altas que as orientais. Encarar o peso da camisa japonesa exigiria do Brasil o melhor desempenho técnico, tático e emocional.

Primeiro set, abrimos 14 × 8, as japonesas viraram, 17 × 15. Segundo set, vocês abriram 12 × 6, novo apagão psíquico, Japão 16 × 14. Torcedores começaram a jogar objetos na quadra, qualquer coisa, picolés, copos, latas. Até que, no terceiro set, Brasil à frente, 5 × 2, um saco plástico cheio d'água explodiu no meio da quadra.

Jackie lembra:

O voleibol feminino ainda estava começando. As pessoas estavam começando a entender o esporte, a torcida era muito ainda a coisa de futebol. Então, quando o Brasil começava a perder, a torcida achava que tinha que parar o jogo, entendeu? Fazer alguma coisa pra que o jogo não continuasse, e o adversário perdesse o ritmo. Só que da pior maneira possível... Começaram a atirar coisas, iogurte, não sei. Alguma coisa que sujasse a quadra. As japonesas – foi muito triste – começaram a se ajoelhar para limpar a quadra. Era uma coisa, tipo iogurte, que estavam distribuindo, era o que eles jogavam na quadra. Tudo muito feio, o time do Japão inteiro limpando a quadra. E a Isabel: "Para, para, para!", começou a berrar. E continuaram jogando, até em cima dela mesmo.

Então, foi o que nunca se viu. Nem antes nem depois. A melhor jogadora do time, a atacante mais agressiva e raçuda, foi até a mesa de som e passou a mão no microfone. O ginásio se calou à tua voz. Ali, Isabel, você se inventou maestrina do impossível. Rouca de esforço, coberta de suor, você mandou, como se estivesse pedindo, que a torcida mudasse seu comportamento. Com autoridade de mãe, firmeza doce, deu uma aula de civilidade, ética e moral – algo muito além do esporte.

*

Aquele terceiro set foi o último. O Brasil ainda botou 5 pontos na frente, mas o Japão venceu, 15 × 12, 3 × 0. Foi a derrota mais digna, falso fracasso que inaugurava uma nova era do vôlei brasileiro.

O que ficou provado já na partida seguinte, contra as soviéticas, as campeãs olímpicas. Superar a seleção que nunca tínhamos vencido contrariava a lógica. E vocês derrotaram a lógica. Antes do jogo, você e Jackie fizeram uma preleção à parte. Ao contrário do tom habitual desses discursos no vestiário, não apelaram para a emoção. Demonstraram, pela razão da técnica, que era mais fácil ganhar da URSS do que das orientais, porque o time soviético jogava parecido com a gente. A injeção de confiança se manifestou numa atuação de gala da equipe. Não de cara. No início, o show foi da arquibancada, cantando "Brasil, Brasil, Brasil" sem cansar, enquanto perdíamos o primeiro set, rápido, em 17 minutos.

No segundo set, ah, minh'irmã... no segundo set... você explodiu; sentava o braço, encaixou várias cortadas, cravadas fulminantes. Mesmo assim, as gigantes adversárias sustentaram o bombardeio e venceram mais um set, 15 × 11, 2 × 0. A partir do terceiro set, das mãos de Jacqueline brotou o milagre. 360º de visão, Jackie só não fez chover porque o ginásio é coberto. Você e Vera Mossa subiam para bater, largar, imarcáveis, 15 × 8. O calor brasileiro derreteu o equilíbrio siberiano das soviéticas, empatamos, 15 × 13, 2 × 2.

No set decisivo, fizemos 15 × 12, e história. Você contou:

> *Do dia para a noite passamos a ser solicitadas para dar entrevista, sair em capas de revistas, fazer comerciais, dar opinião sobre vários assuntos, dos mais supérfluos até opiniões políticas.*

Naquele tempo, a capa da revista *Veja* era o espaço mais nobre da imprensa brasileira. Mas, no dia marcado para as fotos, você quase não foi – deu praia. Meio a contragosto, pés cheios de areia, você fez a pose. Radiante, serena, confiante: *"a força da beleza". "Depois de sair na capa da* Veja, *de fazer um comercial, enfim eu vivia a expectativa de viver profissionalmente do esporte".*

De volta à praia, você encontrou Evandro, o Mesquita, bróder antigo do Posto Nove. Ele também vivia seu momento de explosão nacional, sua Blitz tinha conquistado o Brasil. Vocês dois se olharam...

> *Na praia, encontrei Evandro Mesquita, o grande vocalista da Blitz, que tinha virado a banda do momento. Eu o conhecia da praia e tínhamos vários amigos em comum. Ele me disse: "Bel, que barato! Fizemos sucesso juntos". Eu ri e disse: "Você que é uma explosão, só se fala nisso no Brasil todo, outra dimensão!". De qualquer forma, me senti feliz com a delicadeza dele levantando a minha bola.*

*

A comoção provocada pela campanha no Mundialito levou a Globo a comprar a transmissão do Mundial, no Peru. A expectativa era pelo primeiro pódio de nossa história. Não rolou, né, Isabel? Muito pelo contrário. O Brasil jogou mal, ficamos em sétimo lugar. Começava ali o padrão de tua carreira: vitoriosa sempre, a despeito de resultados.

Com o título "Isabel, a volta", o *Jornal do Brasil* noticiou, em 1º de setembro de 1982:

> *Com 1,80 metro, ao erguer as mãos Isabel alcança, parada, uma altura de 2,37 metros com as pontas dos dedos, ou seja, ultrapassa os 2,24 metros da altura da rede em 13 centímetros. Quando ela sobe para o bloqueio, seu corpo passa em mais de 70 centímetros da rede, e quando ela pula para cortar, sua mão chega à bola numa altura superior a 3,05 metros, o que corresponde à altura do aro da cesta de basquete. "Isabel é a jogadora de mais explosão da seleção", constata o preparador físico Jose Inácio Salles Neto. "Se o exercício for uma corrida de 12 minutos, ela pode ser uma das últimas, mas se for um pique curto, ela vai chegar à frente porque tem tremenda capacidade anaeróbica."*

Ninguém sabia que você tinha jogado grávida o Mundial, ainda sem barriguinha visível. Uma gravidez que você bancou, contra a vontade de seu marido à época. Perguntei para Maria Clara se podia contar a história aqui. Ela assentiu. Conto eu, com Jackie.

Você tinha chegado agitada na apresentação da seleção para o Mundial, em Campinas. Puxou a Jackie para um canto: *"Minha irmã, vem aqui..."*. Jackie soltou logo um: *"Puta que pariu... Sempre no dia da apresentação, sempre um lero. Dessa vez não vai ser mais assim, né?"*. Dessa vez não era brincadeira, indisciplina, era bem pior. *"Isabel se vira para mim: 'Olha, minha irmã, seguinte: eu tô grávida. Tenho que fazer um aborto. Você vai me apoiar. A gente volta pro Rio, você vai comigo'."* Vocês foram para São Paulo, passaram a noite num hotel. *"Quando a gente entra no carro, começa uma viagem pela vida de duas meninas, Isabel grávida indo fazer um aborto. A gente vai viajando, cara, num grau..."*

No dia seguinte, foram pro aeroporto. *"Entramos numa loja de discos e começamos a ouvir música, a gente estava anestesiada com tudo o que estava acontecendo. E ficamos ouvindo música, música, música. Perdemos o voo, claro."* Esperaram o próximo avião, pousaram no Rio. Quando viu o Pão de Açúcar, na hora em que "nossa alma canta", você, m'irmã, começou a desabar. *"Isabel começa a ficar muito emocionada. Chora, chora, chora."* Vocês seguiram pro Leblon; a "clínica" ficava em cima do restaurante Degrau, na rua Ataulfo de Paiva. *"Entramos juntas. A clínica não é uma clínica, é um negócio, assim, uma sala. E ela fala, alto: 'Não! Não vou mais! Não quero mais, eu vou ter o neném!'."*

Maria Clara nasceu em maio; em julho, de volta à seleção, você conquista o torneio da Universíade, no Canadá, o primeiro título mundial do vôlei brasileiro. Mas um troféu precioso daquela jornada se perdeu... Você tinha levado a bebezinha Maria Clara, que ficou no alojamento, com babá e tudo. A presença da filha de uma atleta ainda em amamentação virou atração. Uma alta figura da delegação britânica, alta mesmo, com 1,78 metro, quis conhecer a bebezinha. Visitou a vila, encontrou a pequena, pegou no colo, tirou retrato. Pois foi essa foto o troféu perdido da viagem. A inglesa era a Princesa Diana...

*

As viagens pelo mundo ajudaram você a se entender como brasileira e latino-americana. Naquela nossa entrevista de 1983, olha o que você respondeu quando perguntei se você se achava uma mulher brasileira típica:

> *Eu tinha uma coisa assim, quando ia pra uma Olimpíada, de olhar pro meu uniforme, de achar que meu uniforme era sempre*

pior que o dos Estados Unidos, da Alemanha... Hoje eu me sinto superligada ao Brasil, ao meu povo, à América do Sul. Sou muito por aqui, sabe? Sou muito voltada pra isso, e não era. Até pela minha idade, 15 anos, muito desbundada com um rock, tudo isso. Agora nessa Universíade, fiquei impressionada como a minha disposição era muito mais pra falar com as pessoas da América do Sul do que com gente de lá. Não sei se pelos nossos problemas mesmo, a gente se liga mais. A gente vê que nosso uniforme é ruim, e o delas também, então vamos falar com elas, sabe? Não tô querendo falar mal, nosso uniforme agora é chocante! Lindo...

1984: A quase revolução

Tua história teria sido outra, a história do vôlei, do Brasil, *"a vida que poderia ter sido"*, como nosso poeta Bandeira disse. Foi por pouco.

Vocês tinham chegado aos Jogos Olímpicos de Los Angeles, mais uma vez beneficiadas pela Guerra Fria. Em reciprocidade ao boicote americano a Moscou, dezenove países, liderados pelos soviéticos, não foram aos Estados Unidos. A vitória americana era barbada, mas tínhamos chances de chegar a um pódio inédito.

Vocês caíram numa chave dura com os donos da casa, a Alemanha Ocidental e a China, campeã do mundo, para quem perderam na estreia, mas jogando bem. Depois, vieram as americanas, seguras, entrosadas, voando rumo ao ouro. E aí, aconteceu. Aconteceu de quase acontecer.

A seleção dos Estados Unidos tinha estado no Brasil, Jackie se lembra:

> *Vieram fazer uns amistosos, cara... meteram a porrada na gente num grau... Elas eram maravilhosas. Só que a gente perdia muito antes de entrar em campo. Porque era, assim, a roupa que elas usavam, sabe? A gente ficava no túnel de entrada, ali: "Olha a meia delas, olha a joelheira que elas têm", sabe? Entrávamos derrotadas.*

Los Angeles. 1984.

Em Los Angeles, a discriminação era flagrante; todo o investimento era no time masculino, que acabou faturando medalha de prata, sim. Enquanto as mulheres ficaram na Vila Olímpica, a mais de uma hora de viagem dos ginásios da competição, os homens estavam num hotel ao lado da quadra, em Long Beach. Mas, na véspera do jogo contra as americanas, vocês foram levadas para dormir no hotel ao lado do ginásio, trocaram com o masculino, que foi para a Vila.

Jackie lembra até do cheirinho do quarto do Renan...

> *A gente entrou no quarto, no apartamento deles. Tinha a cama do Bernardinho... A pia cheia de perfumes do Renan... E a gente começou a virar eles, sabe? Porque eles estavam na crista da onda. E a gente deitava na cama... sonhando... Fomos pro jogo, jogo em que a gente sempre levava porrada.*

O jogo foi em 1º de agosto, véspera do teu aniversário de 24 anos. Vocês não tomaram conhecimento dos Estados Unidos, ganharam os dois primeiros sets, 15 × 12, e 15 × 10, o segundo em 18 minutos. Jogo fácil. Se vencessem, eliminavam as americanas; as chances de pódio seriam enormes. *"Nós éramos muito imbecis, muito infantis, não tinha psicologia nenhuma nessa época."* Jackie lembra que, quando fizeram 2 × 0, nem vocês acreditaram. *"Aquilo não era possível."* Os Estados Unidos começaram a voltar, timão, com Flo Hyman, Rita Crockett, fizeram 2 × 2.

No set final, você pediu a bola, chamou pra si a decisão e virou o placar de 7 × 3 para 14 × 9 – a um pontinho da vitória. Jackie fala como se tivesse sido na semana passada: *"Esse jogo mudava a vida, mudava a vida de todo mundo"*. Vocês conseguiram perder, 14 × 16.

> *Sem estrutura emocional nenhuma, né? Ninguém nos preparou. Os meninos iam jogar logo depois, a gente foi pra arquibancada e começou a vender as nossas roupas. Nossa camiseta tava valendo uma grana!*

Ah, minh'irmã, vocês venderam as meias, sungas, tudo, fizeram uns bons dólares. Até saírem correndo, você e Jackie.

> *Um policial me pegou pelo braço, falou alguma coisa. Eu não entendi nada, perguntei: "Isabel, ele tá falando alguma coisa aqui?". E Isabel: "Corre, corre!". Saímos, pegamos as coisas, saímos correndo e a polícia não correu atrás, viu que era atleta.*

O TERCEIRO CORTE

Em 1985, você e Jackie foram cortadas outra vez por indisciplina. Dessa vez, vocês estavam cobertas de razão. Hoje é indiscutível, mas na época a novidade era tamanha que não havia regras básicas de remuneração. A repórter Isabella Scalabrini cobriu a crise: *"Era uma rebeldia, mas o direito delas de se expressar. Por que ela tinha que botar uma camiseta e não ganhar nada? O vôlei era assim na época"*.

A seleção feminina tinha conseguido patrocínio, estampava a marca publicitária no peito do agasalho. Ótima notícia até aí, grana bem-vinda pro esporte. Só que a confederação ficou com tudo, não fez nem um agrado para as atletas. Jackie, a impulsiva, tomou a iniciativa: na hora da foto, virou o agasalho do avesso; você deu razão, foi solidária. Mais uma vez, as duas foram castigadas. Sei que Jackie fala por você quando diz:

> *Se lutar pelo que você acredita significa ser rebelde, contestadora, então eles, dirigentes e ex-técnicos da seleção, estavam certos: eu era mesmo sinônimo de rebeldia. Na época, me acusaram de tudo, mas hoje sou cumprimentada por ter iniciado a luta para um tratamento melhor aos atletas. Em todos os sentidos.*

Uma lembrança de vocês duas: na concentração, nas intermináveis horas entre os treinos e as refeições, vocês liam juntas. Juntas, assim, de um jeito muito singular. Em geral, era você que tinha trazido o livro; você lia e, a cada página lida, arrancava a folha e passava pra Jackie ler.

Juntas vocês liam, juntas escreveram a história.

A QUADRA COMO METÁFORA

Era um espetáculo ver você em ação, jogando. Mesmo quem não entendesse do jogo, o caso da maioria, não havia como não se fixar em você; tuas passadas largas e velozes, teus braços tocando tetos, teus movimentos faiscantes de um lado pro outro. A boca, o grito – raiva e alegria numa mesma expressão, drama –, atleta e magnetismo de atriz. Você tinha a consciência inconsciente de artista, ligada a todos os elementos da quadra, ao mesmo tempo, e aos fluxos e contrafluxos do teu lado e do adversário. Antenada na pulsação das arquibancadas, você sabia reger o público, em "timing" de suspense.

Na vida você se comportou como na quadra. Ocupava os espaços. Veloz nas decisões, tua melhor defesa sempre foi o ataque. Sem nunca perder a graça, a sedução como se não, como se nem aí... *"Distraídos venceremos"* (você amava Leminski, você amava poesia). Gostava do debate, não da briga pela briga, mas sabia contender (etimologia de contender: *"tentar obter, sustentar energicamente"*) –, fazia questão da reconciliação, do perdão. De espírito esportivo, encerrada a peleja, reverência ao rival. *Literato Cantabile*, Torquato: *"Quem perdeu agradeça a quem ganhou"*. Mas, sinceramente, você...

> *Nunca gostei de perder. Sempre que perdia, pra mim era um sofrimento. Eu nunca tive esse espírito olímpico, "o importante é competir", nunca. Queria ganhar, não queria competir. Porém, eu era uma jogadora que se divertia muito durante o jogo, sabe? O ato de jogar pra mim era um barato. Eu tava pensando em ganhar, mas o processo pra mim era muito divertido, aquela coisa de emoção, cada ponto, aquilo era muito bom.*

Vitória contra a União Soviética. 1982.

Muito bonito um troço que você dizia, sobre o prazer do retorno, depois da derrota ou da ausência.

Eu gosto muito de voltar, sabe? Gosto muito da condição de estar mal e tentar subir, cortar uma bola de novo. Quando eu falo que gosto, parece que sou uma tremenda masoquista. Porque é, sim, uma coisa muito sofrida também. Mas é legal! É legal você conseguir. Eu tive a minha filha, que queria tanto ter, sabe? E quero tanto jogar de novo. Então, estou fazendo as coisas que são fortes dentro de mim, que são importantes. E com a maior vontade.

Grávida na quadra. 1982.

O negócio de atletas de alto nível é desrespeitar limites dados, expandi-los. Mas você, quando contrariou regras esportivas estabelecidas sabe-se lá por quem e por que, bateu de frente com o senso comum. Havia um código não escrito, cuja validade já tinha expirado, com papéis determinados, atribuídos aos sexos e gêneros. Você passou qual vendaval sobre os escombros dessa moral caduca. Primeiro, quando jogou grávida, pôs um ponto de interrogação muito simples e básico diante do tabu: "Por que não?". Uma craque do basquete, Hortência, nunca se esqueceu de uma entrevista sua em que você contava:

> *Falei com meu médico e ele disse que não tinha problema: se tiver que cair, cair de barriga, não cair de costas, que de costas pode dar problema, mas se tiver que cair de peixinho, pode cair à vontade que não vai ter problema.*

Sua volta às quadras, logo depois do nascimento de Pedro, foi didática. Olha essa matéria na revista *Saque*, assinada por Luis Carlos Sperândio e Glória Silva Nunes, de abril de 1986:

> *Pedro – o primeiro filho homem de Isabel – nasceu a 27 de março e, se tivesse vindo ao mundo em outra época, estaria hoje convivendo 24 horas por dia com a mãe.*
>
> *Em outra época, Isabel estaria se alimentando à base de canja de galinha e canjica e tomando Malzbier. Carne? Nem um pedaço, durante os famosos 40 dias em que mãe também não lavaria a cabeça jamais e, provavelmente, sequer tomaria banhos diários, se cumprisse fielmente as recomendações da parteira.*
>
> *Sinal dos tempos. Oito dias após o nascimento de Pedro, Isabel já estava nas quadras, treinando com força total, com o objetivo de ganhar a titularidade na Seleção Brasileira que vai disputar o Mundial da Checoslováquia, em setembro. Insensatez? Nada disso, como revela o médico Osmar Trojan, 42 anos, formado há dezoito anos e especialista em obstetrícia e ginecologia: "Antigamente, não havia antibióticos e o risco*

de infecção era bem maior. Antigamente os banheiros – mesmo os dos hospitais – não eram tão assépticos, enfim, não existiam tantos recursos como hoje, e até criou-se a ideia preventiva dos banhos. Hoje nada disso tem sentido".

Você abriu caminhos. Depois de você, o vôlei feminino do Brasil fez história no mundo. Você estava ali para isso; era essa a função do pioneiro, não só fazer melhor, fazer primeiro. Você leu esse jogo, tinha consciência e deu sentido a isso, reconhecendo a continuidade:

Minha geração não tem grandes resultados. Acho, não, ela não tem. Mas tem uma participação na popularização do vôlei como esporte, entendeu? Minha geração trouxe um olhar para o vôlei, e isso só pôde acontecer porque uma geração antes da minha caminhou, nós não partimos do zero, então eu agradeço muito a quem veio antes da gente.

A gente sabe que a dimensão e a importância de sua carreira não se medem em títulos. Mais de uma vez, tua consagração foi individual, time sem pódio, e você eleita a melhor jogadora do torneio. Técnicos adversários te desejavam, como verbalizou o cubano Eugenio Jorge: *"Esta é a única atacante de outra seleção que gostaria de ter na minha equipe".*

Fala, minha irmã:

Eu gosto muito da minha história. Porque foi uma história sincera. Minha relação com o voleibol foi uma coisa muito forte, muito presente em tudo. Tive a sorte de fazer uma coisa pra qual eu tinha vocação, não só gostava. Tenho um biotipo que me facilitou sempre. Isso foi uma grande sorte, eu ter podido exercer uma profissão de que eu gosto.

*

Tua alegria atravessou os mares, levou você pra jogar do outro lado do mundo. O convite para fazer história e ser a primeira brasileira a jogar no Japão chegou depois de um episódio que hoje pode ser classificado de etarismo. Você vinha de uma ótima temporada na Itália, mas não tinha sido convocada pra jogar o que seria sua última Olímpiada, em Seul. Em 1988, tinha 28 anos e foi considerada veterana, dispensada do processo de renovação conduzido pelo técnico Jorjão. A proposta da Toshiba veio em excelente hora, mas, como você já tinha fechado contrato para jogar em São Paulo, na Sadia, a viagem ficou para maio de 1989 – antes você ganhou mais duas taças: o Campeonato Paulista e o Sul-Americano de Clubes, no Chile.

Em 1989, você derrubou o técnico da seleção antes de ele assumir, e sem ser convocada! Ou melhor, precisamente por isso, por ele ter declarado que não iria te chamar. Quando Marco Aurélio Motta é indicado para substituir Jorjão, acusa você de não se ajustar a sistemas: *"Não teria Isabel no meu time. Não acho que ela seja a salvação da seleção. Tem várias jogadoras atuando muito bem"*. A questão é que você estava jogando muito, em forma exuberante. E mais: vocês iriam se enfrentar nas finais do Campeonato Brasileiro, ele como técnico da Lufkin, você como atacante da Sadia. Sábia, você não alimentou a polêmica, mas, delicadamente, o chamou pra resolver a parada na bola:

> *Minha atenção está toda voltada para as finais, e não para a seleção brasileira. Estou treinando dura e seriamente para ganhar o título, e não para ser convocada. No momento, Marco Aurélio é o técnico da Lufkin, nossa adversária, e não o técnico da seleção. Por isso, prefiro falar sobre seleção só depois desses jogos.*

Na quarta partida da melhor de cinco, a Sadia atropelou o time de Marco Aurélio, 3 × 0, você tinindo.

Logo depois, em abril, quando vocês ganharam o Sul-Americano, no Chile, o novo técnico do Brasil declarou, com despeito, que as três jogadoras da seleção peruana que jogavam na equipe Power estavam em fim de carreira: *"A Sadia não ganhou da seleção do Peru"*. As atuações marcantes e títulos consecutivos fizeram crescer a campanha por tua volta à seleção. Dois meses depois de ter assumido o comando, Marco Aurélio Motta convocou a imprensa e comunicou seu desligamento da seleção. *"Convocar Isabel iria contra meus princípios. Não convocar, me taxariam de radical. A saída era ir embora."*

Saiu no *Jornal do Brasil*, em 13 de abril de 1989. *"Desabafo alivia treinador"*, de Mariúcha Moneró:

> *O cargo de técnico da seleção não pesou mais para Marco Aurélio Motta do que a vontade de falar. Ele abriu mão do comando das equipes juvenil e adulta, criticou abertamente a jogadora Isabel, garantiu que tomou uma decisão pensada e que não se arrependerá: "Ficando no cargo não poderia dizer o que tinha vontade. Agora, já não sendo mais técnico, não tenho que me preocupar". Nervoso e ao mesmo tempo aliviado, Marco Aurélio não nega que as pressões o afetaram demais. "Eles queriam Isabel. Agora vão ter de provar por que ela fazia tanta falta. A vontade de todos que pressionaram era de que eu não a convocasse e me desse mal. Agora é por conta deles."*

Num desabafo final, Marco Aurélio disse: *"Não aguentava mais, até meu porteiro ficava pedindo para eu convocar a Isabel..."*.

Mas você não aceitou servir como pretexto da saída de Marco Aurélio:

> *Estão querendo me transformar em bode expiatório nesse episódio, não consigo entender por quê. Desde que voltei ao Brasil, só fiz foi treinar e jogar. Não tenho culpa se a Sadia foi campeã paulista, brasileira e sul-americana.*

Numa carta, mais agressiva que seu padrão habitual, publicada no *Jornal do Brasil*, em 14 de abril de 1989, você descasca o ex-futuro treinador, sob o título: *"Marco Aurélio, um rapaz cheio de equívocos"*. Trechos:

> *O que me move a pleitear um espaço na imprensa para esclarecer certas declarações do técnico Marco Aurélio sobre a minha pessoa é pretender desfazer o equívoco em que este rapaz está mergulhado. Na medida em que me coloca como jogadora relapsa quanto ao treinamento, sem o perceber está me atribuindo condições super-humanas. Como pode uma atleta de 29 anos, mãe de quatro filhos, titular da equipe campeã brasileira e sul-americana de clubes, sem constante treinamento, obter tais resultados? Depois, o equívoco se torna mais flagrante: o ex-técnico da seleção brasileira, ao negar a validade do meu trabalho, nega simultaneamente a seriedade da própria Confederação Brasileira de Vôlei. Digo isso na condição de atleta que serviu à seleção durante tantos anos. O ajustamento ao sistema nem sempre é sinônimo de competência. Haja vista o caso de um Amir Haddad e de um Nelson Cavaquinho, entre tantos casos que poderia citar. Quanto à opinião de Marco Aurélio de que a minha imagem é algo forjada, o que tenho a dizer é que, sendo a leitura de qualquer texto múltipla, respeito a liberdade de interpretação. Apenas acho desnecessária e curiosa essa preocupação excessiva com a minha imagem. Principalmente com as minhas barrigas.*
>
> *Sem mais delongas, pare de me usar.*
>
> *P.S.: Lembranças ao seu porteiro. Vê se me esquece.*

Uma dura, mole

Na classe dos porteiros, taxistas, feirantes, camelôs, entre os trabalhadores em geral, você sempre foi popular – e isso te livrou de algumas roubadas.

Por exemplo, quando você pegou carona pro aeroporto com dois amigos do cinema. Eles acenderam um cigarrinho, daqueles que passarinho não fuma e, quando o carro da polícia emparelhou, nem tiveram tempo de esconder o "beck".

Você não tinha nada a ver com o flagrante, tinha era voo pra pegar. Aterro do Flamengo, aquele lance ia chamar a atenção geral, sujou.

Naquela tensão terrível, o policial chega pra você, arregaça as mangas, aponta para o próprio braço e te pergunta, sério, falando alto: *"Que cor é esta?"*. Você hesita um pouco... mas responde: *"Preta"*. No ato, o PM segue: *"E esta cor, qual é?"*, e põe a língua pra fora. *"Vermelha..."*, você confirma. Alguns segundos de incerteza depois, o policial abre um sorrisão: *"Vermelho e preto, Isabel! Mengão! Mengão, Isabel!"*, e te ofereceu carona até o aeroporto Santos Dumont.

*

A negociação para ir jogar no Toshiba, no escritório da empresa, no centro do Rio, ilustra sua capacidade de persuasão fora do comum. Tua irmã foi testemunha: *"Inês, vou falar com os japoneses e vou ter que falar em inglês. Eles não me entendem. E eu não entendo o que eles falam, uma confusão o inglês deles. Vem comigo. Eu tô meio assim..."*.

Vocês entraram no escritório, *"todo chocante"*, segundo a Inês. Uns cinco japoneses na mesa, dizendo: *"Temos a oferecer como salário..."*, ok, *"e um apartamento..."*, pequeno. Você se comportou como se não estivesse minimamente interessada em ir, postura matadora de negociação. Você já morava na linda casa da Gávea, mandou na lata:

> *Por que vocês acham que eu vou sair de minha casa, onde eu tenho essa metragem? Onde meus filhos podem brincar, podem pular... Por que eu iria morar num lugar apertado com quatro crianças? Por quê?*

A casa você conseguiu, ampla, espaçosa. Prosseguiu: *"Comida no Japão é caríssimo. Eu tenho quatro crianças, duas babás e mais uma criança. Preciso de cesta básica, de supermercado semanal"*. Pronto, alimentação incluída. Tudo o que você foi pedindo, conseguiu; Inês ali pasma: *"A gente saiu de lá, ela tinha conseguido trocar o apartamento por uma casa, supermercado de graça, passagens para as duas babás e para o filho de uma das babás"*.

Tua cortada sempre foi a melhor defesa... Isabel. Teu poder de convencimento advinha de um aparente desinteresse em convencer o interlocutor. Se posso me explicar melhor, você não catequizava, só manifestava a tua fé própria – não pregava, orava. Não defendia pontos de vista graníticos, nem citava princípios de cartilha; fala e pensamento andavam juntos, em construção simultânea, expressões verbal, facial e corporal em harmonia dinâmica. Você foi líder, sim. Mas nunca liderou por ordem ou arregimentação, só por inspiração. O exercício de teu livre pensar estimulava a imaginação dos outros; antes sugestão à recomendação.

*

Dizer que você era indisciplinada está correto, mas é impreciso. Ninguém realiza tanto de seus desejos e potencial sem disciplina.

Mas tua disciplina nunca foi militar – que precisa acordar cedo para se condicionar. Tua suposta bagunça era movimento. (Um pouco de menina zona sul do Rio, aquela coisa mimada de nossa classe, sim.) Mas, quem se pôs à prova como você, enfrentou a selva lá fora de peito aberto e barriga gestante, quem foi tão mãe, e tanto, e de tantos, só bem sucede com altas doses de renúncia e estoicismo. Inconformado, fique bem compreendido. E garra, muita garra.

Porém, nada mais distante do conceito de disciplina oriental. Os japoneses olhavam para você quase como para uma entidade sobrenatural. Altura, gestual, cabelos, voz, expressões, um ser alienígena. Curiosa e interessada no outro como sempre foi, você aprendia coisas novas, sobre o mundo e sobre si mesma. Ainda era o Japão do milagre, à época a segunda economia do mundo. Muito dinheiro investido no esporte, organização de trabalho rigorosa, impecável, você voltou encantada:

> *A infraestrutura é perfeita. Nada falta às jogadoras, o material é de primeira. Os ginásios, nem se fala. Não joguei em nenhum menor que o do Tijuca, o melhor do Rio.*

*

Aquele Japão de fins dos anos 1980 ainda não tinha se ocidentalizado, como viria a ocorrer depois. Por exemplo, se hoje os assentos inteligentes de vasos sanitários, criados no Japão, são os melhores do mundo, naquela época nem privada tinha. Ainda dominavam os buracos no chão, até hoje a regra em grande parte da Ásia. Higienicamente funcionais, desafiam, porém, o poder de se acocorar dos ocidentais. Você se insurgiu, Isabel, e seus dirigentes acataram, fazendo por instalar vasos no estilo ocidental.

A outra brasileira na equipe, Silvana Kuhl, antiga companheira de seleção, lembra de um dos primeiros "ruídos" do choque cultural. Primeiro café da manhã, vocês duas no refeitório com a diretoria da Toshiba, formalizando os últimos detalhes sobre a temporada. Talvez o nervosismo, agravado pela cumplicidade moleca brasuca, tenha provocado o ataque de bobeira incontrolável em vocês duas.

O desjejum japonês não tem nada de café da manhã, serve-se lámen em caldos, de carne, vegetais, algas, ovos... até aí, tudo bem. "Ruído" cultural, no caso, foi o coral de "slurps", bem alto, que acompanhava a refeição. Na etiqueta japonesa, é de bom tom fazer barulho na hora de sugar o macarrão com o caldo. Vocês tiveram uma crise de riso incontrolável, mas os anfitriões não acharam graça...

*

Quanto ao calendário de compromissos, você logo se adaptou:

> *Lá, todos os dias da semana são iguais. Nem se percebe o sábado e o domingo: tudo funciona normalmente. No vôlei, também. As jogadoras trabalham o dia inteiro. Em dias de jogos, treinam de manhã e duas horas antes da partida. Antes do aquecimento, dez minutos de meditação.*

Você, Isabel, atacante prodígio de força e agressividade, apreciou e absorveu o culto e o refinamento da técnica nipônica:

> *As partidas são maravilhosas, com jogadas de pura técnica, principalmente por causa da habilidade das levantadoras. Tudo muito técnico, eles mantêm essa particularidade, mesmo nos treinos físicos. Fui pra lá justamente como uma alternativa ao jogo deles, tinha mesmo de cortar forte, e tive que pedir treinamentos especiais. Lá, a parte física é mínima, quase tudo é feito com bola.*

Como sucedeu em todos os ginásios do mundo, a torcida caiu de paixão por você. Cantavam: "*Bero, Bero!*", que é como japonês diz o nome Bel. Tuas tentativas de se comunicar em quadra tiveram resultados cômicos:

Eu decorei, em japonês, os nomes das jogadas do time. Num dos primeiros jogos, fiquei pedindo a bola chutada na ponta, que nunca vinha. Gritava, gritava, e nada. Só depois de algumas partidas fui perceber que estava gritando "bom dia", em vez de "chutada na ponta..."

A craque do vôlei tornada jornalista, Ester Lima, fez uma longa matéria sobre tua vida no Japão. *O Globo*, 4 de março de 1990:

No final deste ano, o vôlei brasileiro pode perder novamente a jogadora Isabel. O sucesso da primeira temporada no Japão, onde ela jogou pela Toshiba, motivou um convite da Confederação Japonesa para voltar no próximo campeonato. Isabel foi a jogadora, entre todos os times do campeonato, que mais pontos fez no ataque: "Eu batia a média de 70 bolas por jogo com aproveitamento de 65%, o que é ótimo. Atingi uma forma física muito boa e, modéstia à parte, acho que joguei muito bem".

A relação entre o técnico e as jogadoras impressionou Isabel. A capitã do time é quem manda em tudo, dá ordens para as outras jogadoras, marca horários, decide tudo. O técnico pouco aparece e praticamente só dirige o time nos jogos. Três ou quatro treinadores coordenam os exercícios, o técnico só chega no fim. Isabel conta que as jogadoras reservas acordam todos os dias às sete horas, para correr. Às oito, começam o treino, com as titulares. As reservas são responsáveis por tudo: uma arma a rede, outra varre a quadra, uma terceira lava a roupa, mais outra passa e assim por diante. As titulares não fazem muita coisa. As estrangeiras, então, não fazem absolutamente nada, além de jogar e serem muito bem tratadas, recebendo toda a atenção. Enquanto esteve lá, Isabel teve uma guardiã a seu lado. Uma das reservas tinha como missão ajudá-la em tudo que precisasse: "Ela arrumava até minha mala. Telefonava avisando a hora do treino, providenciava minha comida e ainda dava toda assistência aos meus filhos. No começo, eu estava meio tímida e pedia o mesmo que as outras. Depois, comecei a pedir até camarão... E ela trazia tudo".

Tua irmã Inês tinha ido te visitar e não esqueceu cenas hilárias que se repetiam depois das partidas:

Acabou o jogo, entrei no vestiário com as japonesas. E vi que Isabel foi tirando a roupa e jogando no chão... as japonesas vinham atrás recolhendo, aquela atitude japonesa. Eu falei: "Porra, Isabel, caraca! Que absurdo, cara!". Isabel parou, olhou para mim, abriu os braços: "Poxa, Inês, eu já falei mil vezes para elas não fazerem nada, pra deixar que eu pego. Elas querem pegar, deixa pegar...".

Nas festas de fim de ano, no inverno brabo japonês, Ruy foi ficar com você.

Passei o Ano Novo num trem, e tudo que fiz foi um happy new year para a menina que estava do meu lado. À meia-noite, estávamos na estação Omori. Ruy fez um trocadilho, me chamando de Amori.

*

Foram três temporadas no Japão. Lá, você iria sofrer a contusão mais séria da carreira, uma torção do joelho com ruptura total dos ligamentos. *O Globo*, fevereiro de 1991:

A mais importante jogadora que o vôlei brasileiro já produziu desembarca amanhã no Rio – depois de três meses jogando no Toshiba – com os meniscos e os ligamentos do joelho estraçalhados e com a perspectiva de ter de ficar um ano parada, em tratamento, para voltar a jogar. Isabel vinha sendo um dos destaques do campeonato japonês e já começava a negociar o contrato para o ano que vem. Em janeiro, no entanto, ela teve a primeira contusão grave da carreira: torção no joelho, que a tirou das quadras por algumas semanas. Recuperada, voltou a jogar na semana passada, mas torceu novamente o mesmo joelho. O diagnóstico dos médicos japoneses foi de que seus meniscos estão esfacelados e os ligamentos também afetados.

O primeiro diagnóstico foi devastador, do doutor Masushima: *"Você não joga mais, Isabel"*. Ruy estava junto quando o médico japonês te examinou, fez testes. Em seguida, o doutor quis falar a sós com ele:

Me chamou, enquanto Isabel tava se vestindo, e disse assim: "The problem, mister Solberg, is not jumping. The problem is landing" ("O problema, senhor Solberg, não é saltar, o problema é pousar"). Ela podia pular, mas, quando caísse, o joelho... Isso virou uma saga, tinha que resolver se operava lá ou no Brasil.

Nas notas esparsas que fez, preparando palestras com Moacir Chaves, você descreve o início do périplo, teu embate com o ortopedista japonês:

Falei tanto para convencê-lo que ele me disse: "Ok! Vamos fazer uma artroscopia para limpar seu joelho, muita fisioterapia. Colocar um brace, *para ver se você consegue terminar o campeonato". Durante esse período, fui todos os dias ao hospital em Tóquio. Almoçava por lá mesmo. Passava o dia lá, fazendo fisioterapia de manhã e de tarde. No início, era muito chato e difícil. Era inverno. Eu estava de muletas e tinha que entrar e sair do trem. E assim foi, em vinte dias voltei às quadras, mas continuei frequentando o hospital. O médico sempre me lembrava de que, no final da temporada, eu teria que operar. Eu tinha esperança de escapar da cirurgia. Estava jogando com o* brace, *adaptada e feliz da vida. Infelizmente acabei tendo outra torção durante um treino. Fui para o hospital e tive que fazer uma punção. Dois dias depois retornei aos treinos, mas, dali para a frente, minha rotina passou a ser treinar, torcer o joelho e nova punção. Foram quatro torções em cinco semanas. O médico tinha razão. Tive que desistir do campeonato, meu joelho estava muito castigado.*

Minha cirurgia foi marcada para quinze dias depois da última torção. Voltei ao Brasil para trazer as crianças e pensava que voltaria logo em seguida para me operar. No Rio, recebi um recado do Doutor Arnaldo Santiago. Ele soube da minha contusão pela imprensa e quis me ajudar. Marcamos uma consulta e ele me deu esperanças de recuperação. O médico japonês tinha previsto o fim da minha carreira, achava que depois da cirurgia eu não voltaria a jogar em alto nível, já o Doutor Arnaldo foi ao encontro do que eu sentia. Ali mesmo decidi que só voltaria para o Japão recuperada e me operaria com o Dr. Arnaldo. Mesmo num caso complicado como o meu, com várias lesões no joelho, a cirurgia foi ótima.

O ex-jogador de basquete, craque ortopedista, Arnaldo Santiago te operou em março, no Rio de Janeiro. Saiu n'*O Globo*, 8 de março de 1991:

> *Após quatro horas de cirurgia na Casa de Saúde Santa Inácia, a atacante Isabel garantiu: vai voltar a cortar a "alta na ponta". Ela foi operada ontem à tarde, com sucesso, pelo médico Arnaldo Santiago, de lesões no ligamento cruzado anterior, nos meniscos e nas cartilagens do joelho direito e deve voltar a jogar em seis meses. Segundo Arnaldo Santiago, a força interior e a raça de Isabel serão fundamentais para a recuperação: "A operação foi maravilhosa, todos os problemas foram perfeitamente resolvidos. Não tenho dúvidas de que, com a força que ela tem, daqui a cinco ou seis meses estará curada".*

Volto agora a tuas anotações, à tua procura de um fisioterapeuta legal.

Comecei a fisioterapia o mais rápido possível. Tinha muita dor, mas também muita disposição e vontade de me recuperar. Minha primeira fisioterapeuta foi um desastre. Ela não conseguia entender a minha urgência. Eu era uma atleta correndo contra o tempo, e não uma pessoa querendo apenas voltar a andar.

Aquela moça conversando com a colega e falando abobrinhas, enquanto eu suava de dor, forçando a recuperação do arco da perna, me causava uma enorme irritação. Num determinado dia levantei-me e disse para ela que o meu problema era no joelho e se continuasse lá passaria a ter um problema também na cabeça. Eu estava decidida a procurar um fisioterapeuta que entendesse o que eu precisava. Hoje isso seria bem mais fácil, mas, naquela época, tudo era diferente. Foi quando encontrei Nilton Petroni.

Nilton Petroni, o Filé, entraria para a história da fisioterapia e do esporte ao conduzir a recuperação de Ronaldo Fenômeno, antes da Copa de 2002. Cracaço, o Filé.

Mas teu joelho nunca mais seria o mesmo, não tinha como. Você seguiu jogando, inclusive na superfície que mais sobrecarrega as articulações, a areia do vôlei de praia. Na praia, você e Jacqueline se reencontraram. Jackie, uma estrela da modalidade, havia dois anos estava nos Estados Unidos, ganhando competições com prêmios entre 50 e 100 mil dólares.

*

Se o vôlei de praia era novidade, a grande notícia foi o reencontro das duas estrelas maiores do voleibol brasileiro, Jackie e Isabel. A matéria de destaque n'*O Globo* de 5 de maio de 1992, assinada por duas feras do jornalismo esportivo, João Máximo e Renato Maurício Prado, tinha um inspirado e longo título: "O brilho de duas estrelas do vôlei nas quadras ensolaradas".

A "alta na ponta!" de tempos atrás transformou-se no "alta na ponta... da praia" de agora. Explica-se: quando atuavam juntas no Flamengo ou na seleção brasileira, Isabel e Jacqueline tinham uma jogada mortal que começava justamente com a primeira gritando para a segunda levantar a bola bem alta, na ponta da rede, de onde partia a cortada quase sempre convertida em ponto. Pois a história volta a se repetir agora, só que nas quadras ensolaradas do vôlei de praia.

Isabel Barroso Salgado, 31 anos, e Jacqueline Silva, 30 [...] *são as mais brilhantes jogadoras da primeira grande geração do vôlei brasileiro feminino. Mais do que isso, são carismáticas personagens de um esporte que, antes delas, vivia longe das manchetes. Desde os tempos de mirins do Flamengo até chegarem juntas à seleção brasileira, Isabel e Jacqueline formaram uma espécie de binômio, de dupla unida, de parceria inseparável.*

A pauta tinha duas abordagens centrais: a reputação de rebeldes, que vocês fizeram por merecer, e a reconciliação depois de um comentado estremecimento.

> *A dupla não era tão unida assim, como todos pensavam. Houve rumores de um rompimento, de um fim de amizade.* [...] *As duas negam que tenham brigado um dia, mas quem não se lembra do afastamento repentino que levou Isabel a declarar: "Quero que todos saibam que Isabel é uma e Jacqueline é outra. Não somos a mesma pessoa, não pensamos do mesmo modo"? Hoje ela explica: "Não brigamos. A certa altura, as afinidades cessaram. Você pode gostar de alguém e seguir por outro caminho".*
>
> *Jacqueline deixa-se trair ao se referir à reaproximação como "reconciliação". Como pode haver reconciliação se não houve briga? Ela desconversa. Prefere lembrar que as duas reataram a amizade e ajudaram-se muito na recuperação das contusões.*

Natural que a reportagem destacasse suas personalidades insubmissas, abrindo o subtítulo: "Rebeldes que sempre lutaram por seus direitos". Ao presidente da Confederação cabia bem o papel de antagonista: "*Seus atos jamais foram aceitos por Nuzman*".

Duas jovens rebeldes. Por muito tempo, foi essa a ideia que o mundo do vôlei fez das duas melhores jogadoras brasileiras de sua geração. Isabel reclamando. Isabel protestando. Isabel brigando por seus direitos. E Jacqueline? Um dia, servindo à seleção, vestiu seu agasalho pelo avesso. Escondia assim a marca de um patrocinador que pagava bem à Confederação Brasileira de Vôlei e não destinava um centavo às jogadoras. O todo-poderoso presidente da entidade, Carlos Arthur Nuzman, ficou indignado. Expulsou Jacqueline da seleção e fez de tudo para bani-la de vez do vôlei brasileiro. Na época, os adversários de Nuzman transformaram a jogadora numa espécie de símbolo. Sua rebeldia nascia de uma causa justa.

Nesse ponto, Jackie discorda dos repórteres e confessa seu arrependimento:

Foi uma grande perda de tempo. Fui afastada da seleção, me vi obrigada a sair do Brasil em busca de espaço. Cheguei a ficar doente. Hoje, entendo o lado do Nuzman. Meu protesto talvez fosse justo. Nunca soube me expressar direito. Falo muito e digo pouco.

A reportagem passa a reproduzir a dissonância de interpretações entre as duas:

Isabel discorda. Faz questão de deixar claro que pensa muito diferente de Jacqueline. Na pior das hipóteses, o protesto da amiga servia para que se começasse a discutir a questão nova no vôlei brasileiro: o patrocínio. "O tempo mostrou que tinham razão os que brigavam pelos atletas." "Razão?", interrompe Jacqueline, "Que razão é essa que me fez perder o emprego e me forçou a sair do país?". Da mesma forma que Jacqueline, Isabel já viveu a experiência de ser cortada da seleção, numa das vezes por ter chegado meia hora atrasada no dia da apresentação. Seleção, ambas sabem, já é passado.

Jacqueline levanta a bola, sem travas:

Sabe o que acho de seleção? Que deveria ser formada sempre pelas melhores. Se fosse assim, eu e Isabel estaríamos lá. Ainda jogamos o bastante para entrar em qualquer time que se faça aqui.

Você, Isabel, pondera entre interesse pessoal e a melhor decisão:

Olha, seleção não está mais nos meus planos porque hoje eu já não me submeteria a concentrações longas, num esquema como está sendo feito agora em Brasília. Mas se eu fosse o técnico, convocava Jacqueline e Isabel. E como convocava!

Por trás e além de declarações circunstanciais, a história da relação de vocês com Nuzman serve para ilustrar o estilo Isabel de fazer política. Não que fosse apenas ingenuidade de Jackie, que nunca teria a malícia exigida no jogo duro da política esportiva – havia evidente ressentimento guardado por Nuzman, ele nunca perdoou Jackie. (Guardou tanto rancor que, mais de vinte anos depois, na abertura das Olimpíadas do Rio, em 2016, Nuzman cometeria a injustiça escandalosa de banir Jackie da cerimônia de abertura – ela que, em dupla com Sandra Pires, tinha conquistado a primeira medalha de ouro feminina do Brasil, em 100 anos de Olimpíadas.)

*

Você era rebelde, Isabel? Sim, talvez... Mas, não, acho que apontar você como rebelde não te explica. Teu comportamento tinha mais consciência e inteligência do que mera rebeldia adolescente – você rebelou-se até contra o rótulo de rebelde. Tanto que, dois dias depois da publicação da matéria, *O Globo* dava destaque à sua réplica:

> *Isabel enviou ontem carta a*O Globo*, esclarecendo algumas de suas declarações publicadas na reportagem do último domingo:*
>
> *"No último domingo,* O Globo *publicou uma grande reportagem conosco que tinha, entre outros, um título 'Rebeldes que sempre lutaram por seus direitos' e um subtítulo 'Seus atos jamais foram aceitos por Nuzman'. Isto talvez tenha sugerido ao leitor a ideia de que alimento em relação a Nuzman algum ressentimento. O que aconteceu no passado não tem para mim o peso que alguns podem atribuir. Portanto, pedi a* O Globo *que publicasse este depoimento, para que pudesse esclarecer alguns fatos:*
>
> *Primeiro: reconheço na figura de Carlos Arthur Nuzman um grande dirigente, o que não significa que eventualmente não possa discordar de suas decisões, num gesto de pleno exercício democrático.*
>
> *Segundo: gostaria de reiterar aqui meu agradecimento a Nuzman pelo apoio durante a minha recuperação. Pertenço a uma geração que se iniciou no esporte numa época em que ocupávamos apenas pequenos registros nos jornais. Hoje, o sucesso e a popularização da nossa modalidade esportiva às vezes geram ambiguidades pelas quais nós todos somos responsáveis. Cabe a nós, atletas, dirigentes e imprensa, praticarmos cada vez mais o diálogo para que possamos desfazer qualquer tipo de equívoco, exatamente como faço agora. Agradeço ao jornalista João Máximo e a* O Globo*, na certeza de que tanto Jacqueline quanto eu nos sentimos felizes por podermos, através deste espaço, nos manifestar com toda a liberdade".*

A amiga Vera Mossa. São Paulo, 1989.

Essa tua manifestação, Isabel, não demonstra só amadurecimento nem é apenas expressão de habilidade política. Sim, tudo que você dizia e fazia sempre teve repercussão e consequências na realidade. Mas, se você alcançou esse poder de influenciar, foi por um compromisso radical com a honestidade – intelectual e afetiva. Teu modo de fazer política, de ser política, não obedecia a cálculos e conchavos visando à formação de alianças e plataformas. Claro que você ponderava as prováveis reações às tuas falas, não era ingênua. Ingenuidade, não, presunção de inocência, sempre. Tuas posições se firmavam na franca expressão de teus sentimentos e tuas convicções. Mesmo sem fazer concessões, você sabia como não encurralar interlocutores adversários, numa disposição democrática intuitiva, tão preciosa quanto rara.

Em 8 de novembro de 2024, Carlos Arthur Nuzman gentilmente deu seu depoimento para este livro. Para qualificar sua relação afetiva com Isabel, recorreu à palavra da desafeta dele, Jackie: *"Meu problema sempre foi com a Jacqueline, não com a Isabel. No dia do enterro da Isabel, fui falar com a Jacqueline e ela me disse: 'Morreu sua grande amiga'. Essa frase diz tudo".* Nuzman fez sua vitoriosa carreira de dirigente emulando João Havelange. Assim como o chefão da Fifa, caiu em desgraça e, acusado de corrupção, chegou a ficar quinze dias preso. Depois, como outros alvos da Lava Jato, teve sua condenação anulada. Nuzman fala de Isabel menos como dirigente do que como ex-atleta:

> *Impulsão grande, atacante forte, corajosa. Coisa rara... Isabel sempre suou a camisa, lutou até o final, sempre lutou. Isabel é um exemplo. Atleta exemplar, mãe exemplar, filha exemplar. Isabel sempre foi minha querida, sempre fui muito amigo dela. Nossa relação era muito direta, franca. Tinha uma personalidade inigualável, por isso o carisma. A Isabel era a Isabel. Não temos mais uma Isabel no voleibol, não temos. Isabel era única.*

Não durou um ano tua parceria com Jackie na areia. Você seguiu uma trajetória digna no vôlei de praia, com títulos e prêmios, num fim de carreira discreto, quase imperceptível. Tua maior conquista na areia foi uma doce revanche. Em dupla com Roseli, ganhou a etapa de Miami do Circuito Mundial. Bater as americanas, na casa delas, um sonho que você realizou. Dez redondos anos depois da derrota cruel nas Olimpíadas de Los Angeles, você acertou as contas.

*

Aos 34 anos, você ainda voltaria às quadras – de novo na Itália, sua terceira "stagione" por lá. Quando você, pioneira, tinha ido jogar em Modena, era uma moça de 19 anos, mal saída do puerpério.

Sete anos depois, foi viver na Calabria, região historicamente pobre. Naquela tua segunda temporada italiana, 1987, você salvou o Scott Reggio Calabria do rebaixamento e foi eleita a melhor atacante da competição. Tinha chegado lá, mais uma vez recém-parida, da quarta gravidez, da caçula Carol. Estava sem clube, conduzia sozinha sua preparação, corria na Lagoa Rodrigo de Freitas, fazia musculação em academia, e, de vez em quando, batia bola no Flamengo, com o amigo Ênio Figueiredo – dessa vez, ele iria pra Itália contigo, ser teu técnico.

Com 27 anos, você desembarcou na ponta da bota com a recém-nascida Carolina, 3 meses, Pedro, 1 ano e 8 meses, e uma babá. Pilar, 9 anos, e Maria Clara, 4, iriam apenas nas férias escolares – Ruy levou as duas, seus outros filhos Bernardo e Celina, e mais uma babá. A enorme tropa exigia logística inversamente proporcional à tua vocação pra bagunça, Ruy encarava:

> *Aonde Isabel chegasse, se estabelecia uma zona total. Fomos pegar um táxi em Roma, imagina. Éramos oito pra pegar táxi. Não pegava, não tinha jeito, só iam três pessoas por táxi. Era uma batalha, mandar o motorista ficar esperando os outros táxis para andar junto.*

Você exausta, e não só você:

> *Elas morriam de frio lá, a Calabria era uma barra, um apartamento horroroso, frio do cacete, a babá enrolada naquele troço, um turbante, toda suja de vômito. A outra babá também. Isso tudo dentro de um apartamento mínimo na Reggio Calabria, péssimo, ganhando uma mixaria, um time vagabundo.*

Um dia a babá desaba: *"Vou embora! Não aguento mais!"*. Sem poder pensar em perdê-la, você prometeu: *"Aguenta firme que vou te levar para ver o Papa!"*. Pronto. Você só não avisou ao Ruy quem seria o intermediário papal: *"Vamos pra Roma dia 31 de dezembro. Conceição vibrando: 'O Papa! É hoje! O Papa é hoje!'"*. À noite, João Paulo II celebraria a Missa de Santa Maria Mãe de Deus. *"Isabel falou: 'Ruy, você que vai...'. Eu? 'É, você vai, você tem que ir'."* Lá se vai Ruy para a Basílica de São Pedro, levando Conceição e Pilar. Para entrar no Vaticano, enfrentam a fila gigante, claro. Inverno, faz frio em Roma. Naquela noite, cinco graus.

> *Quando conseguimos entrar, a missa já tinha começado, nós lá no fundão, basílica lotada. Não víamos porra nenhuma. Conceição não via nada, queria ver o Papa: "Não tô vendo nada, doutor, não tô vendo ele...".*

Doutor Ruy Solberg dá as costas pro altar, agarra Conceição e a levanta...

> *"Doutor! É ele mesmo, doutor Ruy, é ele mesmo!" Pilar quis também: "Agora eu!". Ela era mais fácil de levantar, mas as pessoas olhavam com recriminação, isso não se faz na igreja! Mas fui perdendo a vergonha...*

Enquanto você dormia o sono merecido das *sorellas* de Santa Maria Mãe de Deus, Ruy ia alternando seu levantamento de peso, entre Conceição e Pilar. E ainda tinha que voltar pro hotel, encontrar um táxi no Vaticano, uma e meia da manhã do Ano-Novo.

Pilar começando a chorar, a velha Conceição já rateando. Sentei na praça, achei que íamos morrer. Eu já tinha visto casos assim, de gente que chega na rua e acaba morrendo. Começou a me dar pavor.

Sobreviveram todos.

*

Em 1994, você foi para Bérgamo, jogar mais uma vez no Foppapedretti, outra vez uma equipe pelejando para se manter na primeira divisão. Dessa vez solteira, foi com os quatro filhos, mais o cachorro Paçoca. Cidade deslumbrante, rica, em matéria de qualidade de vida, Bérgamo está para a Calabria como o céu para o inferno... purgatório, vá lá...

Outra brasileira do time, a ponteira Gisele Gavio, irmã do cracaço Giovane, contou que os bergamascos logo se apaixonaram por você – os torcedores iam aos jogos impecavelmente vestidos, como se fossem à ópera. E, claro, Gisele lembra de você fazendo todas as colegas racharem de rir, com suas resenhas de incríveis histórias.

*

Foi seu último grande campeonato, Isabel, espetacular. Você não parou de jogar de repente, foi parando, como num longo poente. Na praia, você refez e desfez a dupla com Roseli, apostou na novata Shelda, jogou com Tatiana Minelo, Gerusa... não rolou.

Ainda voltou à quadra, passou pelo Leite Moça, Uniban, BCN e Dayvit, neste com José Roberto Guimarães. Você se despediu com título; em 1998, foi campeã estadual pelo Petrobrás Macaé.

Permanência

"Nunca mais tive amigos como aqueles de quando eu tinha 12 anos. Mas... quem teve?" Claro que você se lembra da última frase daquele filme lindo, *Conta comigo,* que Rob Reiner adaptou do romance de Stephen King. É nós, né, não? Naquele início de adolescência, curiosidade, medo, coragem. Descobrimos coisas importantes juntos; o que diziam que era errado e vimos que era certo, e o que parecia verdade e era falso. Juntos no esporte, na praia, saudáveis para chuchu, um bocadinho travessos.

Depois, a vida nos levou para lugares diferentes, mas nunca nos perdemos de vista. Ficávamos sabendo um do outro pelos tantos parentes e amigos em comum, você sempre luz de farol para todos. E, sim, era sempre daquele jeito: anos sem se ver, mas, quando se encontrava, a gente não precisava se explicar. Como daquela última vez que já lembrei, uma semana antes de sua gripe. Putaquiuspariu. Que bom. Almoçamos num dos melhores restaurantes do mundo, que conhecemos quando ainda era botequim, o impecável Filé de Ouro, na rua Jardim Botânico. Assim, você pôde conhecer minhas meninas mais novas; estavam as duas, Maria e meu irmão Alberto. Tudo do jeito que sempre foi – fora um certo desconcerto de nos sabermos dois sessentões. Você, broto demais, com aquele mesmo jeito de se chegar, sabe, meio se curvando, se nivelando ao outro? Porque quem cresce rápido se atrapalha com seu tamanho.

Com 12 anos, você já tinha a altura que teria pra sempre, 1,80 metro. Levou pra vida toda o jeito de se curvar pra cumprimentar as pessoas, quase sempre mais baixas, mas, por hábito, fazia igual com os mais altos. Na pré-adolescência, havia um quê de vergonha naquele se encolher, a timidez inevitável de quem não pediu pra chamar a atenção geral, chegasse aonde chegasse. Mais tarde, esse cacoete ganhou outros sentidos, de quem sabe se chegar e chega manso, reverencia, transmite respeito amistoso – isso pra começo de conversa.

Altura é referência corriqueira no esporte. Mas, na vida civil, Isabel, você não foi só mais alta, passou a ser grande.

O que quero dizer é que, mesmo vendo o mundo de posição mais elevada, você nunca deixava de fixar os olhos no interlocutor; assim, encarava na horizontal. Vá lá, na diagonal...

O que estou entendendo agora é que essa maneira de se curvar ao outro, de olhar nos olhos, de se aproximar e dar atenção, era um reflexo involuntário seu, assim como respirar ou rir. Dobrando-se com leveza frente ao outro, seu corpo dizia, Isabel, o que sua cabeça sentia e seu coração via: o outro como um igual. Esse era seu jeito de ver as coisas, os bichos, a gente, o mundo. Isabel, você nasceu educada, só não se curvava à educação.

*

O maior talento da Isabel é ser mãe, sempre foi uma mãe espetacular, abraçou os filhos mesmo, mãezona. E aconteceu uma coisa interessante: a cada filho a Isabel foi se tornando uma mulher mais bonita!

RADAMÉS LATTARI, técnico de vôlei

Eu nem conhecia tua filharada direito. Quer dizer, tinha visto eles pequeninos. A primogênita, Pilar, conheci na tua barriga. Lembro de você, gloriosamente grávida, vestida de noiva, saindo da igreja, atravessando aos pulinhos a praça Nossa

Senhora da Paz, para irmos festejar no bar Itahy o seu casamento – eu fui padrinho, Moniquinha a madrinha...

Depois, pela ordem, Maria Clara, Pedro e Carol, só vi de relance, acompanhei eles crescendo em *"time lapse"*. Alison nunca tinha visto, mas fiquei sabendo quando você o incluiu na trupe.

Mesmo sem nos conhecermos pessoalmente, sempre me senti perto de tuas crianças, uma intimidade esquisita – talvez correspondida. A tal ponto, que me chamaram, Isabel, com a seguinte proposta: *"Precisamos dar um jeito de nossos filhos saberem quem foi essa mulher incrível, a avó deles"*. E me chamaram para escrever. Eita, muito difícil para mim, nunca escrevi sobre ninguém tão próximo. Mas, claro, nem pensei em recusar. A vida estava me dando a chance de reviver tua vida, e compartilhar esta história com o mundo. Pensei assim: *"Acho que Isabel iria curtir a ideia..."*. Aliás, mesmo agora, enquanto trabalho no texto, quando tenho alguma dúvida, sobre o que e por que alguma coisa tem de ser contada e como, me pergunto: *"O que Isabel acharia?"*, e a decisão fica fácil, vem cristalina. Sem falsa modéstia, e sem querer me comparar a você, acho que temos uma coisa em comum: coragem. Fazer o que tem de ser feito, e fazer direito.

*

Por mais amadorístico que tente me manter neste relato, claro que recorro aos instrumentos da profissão – técnica de pesquisa, apuração, entrevistas, organização temporal, checagem de fatos; o básico de meu ofício. Na primeiríssima conversa com os filhos, expliquei:

> *Vamos ouvir gente, gente que tem histórias, e isso tudo vira um livro. Essa técnica a gente tem, mas este não é um livro qualquer. Quero encontrar a singularidade deste livro, e como a gente vai chegar a essa singularidade. Por isso, pensei que seria legal a gente começar nos encontrando. Para eu ouvir de vocês*

o que esperam, o que desejam, o que acham mais importante, o que vocês acham da ideia.

As crianças estão bem, Isabel, você escandalosamente presente em seus gestos, vozes, ideias, modos e, claro, na boca de passarinho – sua boca de espantoso poder genético.

Todos juntos, essa sessão inaugural foi na deliciosa casa de Pilar, casa que é a tua cara. Tudo ali tem a tua mão, a simplicidade cheia de bom gosto, os ambientes abertos, luminosos, cômodos que se abrem um para o outro como que sem necessidade de portas – espírito comunitário. Além de todos os móveis e objetos terem a marca de teu olhar (mais o senso estético apurado da própria Pilar, claro, artista que é), é você quem acolhe os passos de quem entra, no chão de azulejos azul e branco, uma delicadeza, o Piso Isabel. Típico: ao ir comprar azulejos, você tinha dado um jeito de criar um novo, de autoria própria. Em cada peça, o fundo preto cravejado de flores-estrelas brancas de oito pontas, trançadas por fios de cinza mormaço – o efeito geral de um firmamento terreno.

Pilar é muito linda. Sempre foi gata, mas a maturidade parece ter lhe trazido uma serenidade que realça mais sua beleza. Primogênita, né, Isabel? Ela começa evocando a cena de que participou antes de nascer: *"Eu imagino mesmo, ela vestida de noiva, saindo pela Nossa Senhora da Paz, indo pra padaria, chamando todo mundo, muito engraçado imaginar essa cena. A cara dela!"*.

Sim, a tua cara, minh'irmã, que está na cara de Pilar também, numa feliz combinação tua com o pai, João. O homem era um gato. Dois metros de altura, forte, porém esguio, longos e lisos cabelos negros – pela aparência e por morar em Niterói, ganhou o apelido de Arariboia. Mas os traços dele tinham mais de inca do que de tamoio.

Ah, Isabel, minh'irmã, você recebeu Pilar sem um pingo de hesitação. Você contava:

O dia em que fui fazer o exame de gravidez, eu era uma pirralha. Eu não tinha nada de precoce com 17 anos, nada antenada... não.

> *Mas eu adorei! Fiquei muito feliz. Me senti poderosa. Achei o máximo. Muito associado à inconsequência da juventude, mas...*

Mas... vamos combinar, a autoconfiança sempre tem um tanto de inconsequência.

Pilar, por causa de Pilar Ternera, a irresistível e indomável amante, vidente e cafetina de *Cem anos de solidão*. A personagem tinha uma qualidade trágica que sempre comoveu você, Isabel, de fragilidade máxima e ainda assim invulnerável.

Acho que foi tua amiga siamesa, Moniquinha Biel, que bem definiu: *"Pilar virou a mochila dela"*. Pilar foi a cobaia de tua aventura maternal. Sim, a primogênita nasceu experimental, se é que me entende. E quer saber? Todo primeiro filho é um bocado cobaia mermo. No caso, tua experiência só foi mais ousada, não podia ser de outra forma. Pilar mal tinha completado um ano de vida quando você foi jogar na Itália, a primeira atleta brasileira a encarar esse desafio. Marília, tua mãe, insistiu para você deixar a bebê com ela, sem sucesso; você nem cogitava a possibilidade de deixar Pilar para trás. Partiu, só você, sua filhinha, sem babá. Claro que Pilar não tem como lembrar dessa viagem, mas ela entende bem a moral da história:

> *Ela não tinha isso de medo, ela não tinha. Essa palavra não existia. O que, ao mesmo tempo, tem um lado bom e um lado ruim, né? Porque, em alguns momentos na vida, eu senti medo. E ela lidava com isso assim: "Está com medo de quê? Não tem que ter medo de nada. Vai!".*

Você pode ter sido radical nessa orientação de bravura, porque, a gente sabe, cada um lida como pode com seus temores. Mas, olha que curioso, na hora mais dura, na dor da tragédia, essa lição valeu, como diz Pilar: *"A gente herdou isso, viveu isso na morte dela – a gente perdeu esse medo da vida. Assim vamos viver"*. Tua morte fez Pilar perder o medo da morte, e o medo de viver.

*

Em 1979, quando você chegou à Itália, saiu do aeroporto direto para a quadra, jogar. Chegou ao ginásio, tomou um banho com Pilar, aprontou a primeira mamadeira com leite italiano, botou a pequena no colo da mulher do técnico, e foi jogar. Quando olhava para a arquibancada, estava lá Pilar batendo palmas. No meio do jogo, já dormia. Você estreou com vitória. Quando o treinador deixou vocês em casa, avisou que passava no dia seguinte para te buscar pro treino. E você perguntou: "*Como é que eu vou acordar?*". Ah, Isabel, você nunca tinha usado um despertador na vida... Não por preguiça, mas por ter sido nascida e criada numa casa cheia de movimento, onde uma irmã chamava a outra e, no vôlei, as atletas se acordavam juntas.

Durante o ano que viveram em Modena, eram você, Pilar e a bicicleta, pra todo lado. Sem babá, sem esquema além das amizades que fez, da vizinha que fazia o suco matinal, das colegas de time, de quem estivesse na arquibancada e você sentisse confiança. Lá ia sua Pilar pros braços do senhorzinho ou da senhorinha com cara boa. "*Pode tomar conta de minha filha enquanto eu jogo?*", enquanto você soltava a mão, um olho na bola, outro na menina. Naquela vez que Pilar se engasgou com um bolinho, você saiu voando, executou o desengasgo e voltou à quadra – não deu nem tempo de o juiz interromper o jogo.

> *Minha mãe não planejava a vida. Ela vivia a vida. Acho que não tinha medo, porque vivia o presente. "Vamos lá, vamos entender como é que vai ser. Algum jeito se vai dar." Quando ela treinava, me botava ali brincando. Tinha controle. Quando ia jogar, tinha que jogar.*

Hoje, Pilar tem 46 anos. É mãe de dois adolescentes. Quando lembra de você, não é dos embates na adolescência dela, a que te deu mais trabalho, Isabel. Porque ela não era do vôlei, ela nem gostava do vôlei. "*Eu não gostava de vôlei porque o vôlei me roubava ela.*"

Velho mundo. Itália; Pilar e *colombe*, Itália.

Maria Clara assistiu a tudo, de pertinho: *"Ela botou a Pilar pra jogar vôlei. E Pilar odiava, 'Ai, tô suada, fedorenta, com cheiro de chão...'"*.

Você, mãe tão liberal nas ideias, na visão de mundo apresentada às crianças, empenhada em estimular nelas o compromisso que sempre teve com a honestidade e a liberdade, na hora de tomar providências, apelava para a disciplina espartana do esporte. Quando Pilar, adolescente, teve que usar um colete para a escoliose e, claro, detestava, não perdia oportunidade de tirar, o que fez você? Trancou o colete com cadeado! Não teve jeito, Maria Clara descolava a chave e libertava a irmã. Ah, e aquela vez que Pilar deu uma sumida, dormiu fora, e quando você mandou que voltasse, se negou e ficou mais uma noite longe? Ao voltar para casa, ela encontrou todas as coisas dela no quarto, empacotadas, colchão em pé, sem lençóis, e você: *"Isto aqui não é hotel"*. *"Enfiei o rabo entre as pernas e fiquei quietinha"*, sussurra Pilar.

Coragem ela aprendeu cedo com você, na presença e na falta. Sabe hoje que você era uma menina levando no colo outra menina, noutro país, com pouca grana, sozinha. Hoje, Pilar entende: "*Eu ia ficar muito nervosa. Mas ela conseguia fazer isso com uma tranquilidade muito natural dela. Ela ia levando a vida do jeito que dava mesmo*".

Mais difícil para ela foi a volta ao Brasil, quando as duas deixaram de ser uma coisa só, e o vôlei da vida levou mamãe pro mundo. Quando Pilar fala dessa época, parece estar falando de agora, quando você não está mais aqui:

> *Eu sentia, mesmo na ausência dela, uma presença gigantesca. Mesmo ausente, ela era muito forte dentro de casa. Mesmo indo, sei lá, para outra cidade jogar, ela estava presente.*

Pilar espelhou tua beleza, magnificou tua delicadeza, fez de teu senso estético profissão, é uma mãe com tua firmeza e calor.

*

Maria Clara, dos filhos, é a que se investiu da missão de organizar, cuidar e divulgar seu legado, Isabel. Todos os seus filhos se parecem com você. Clara numa presença física mais imponente. Carol tem um lance *mignon*, se é que a palavra se aplica a uma atleta de vôlei olímpico. Maria Clara é mais grandona, nos gestos também, manifestamente combativa. Crava a atenção no interlocutor, não deixa passar nada, luta pelo que acha certo. Bem-educada, né, m'irmã?

Aliás, essa semelhança tremenda entre vocês persegue Maria Clara e Carol. Elas não têm paz, não podem esquecer, a cada táxi, a cada loja, a cada atendente, na rua tem gente que chega a se assustar, como se estivesse vendo uma assombração. Imagina, Isabel, que saco. Carol fica bolada:

> *A quantidade de pessoas que a gente encontra, uma coisa horrível, pessoas muito sem noção. Assim: "Isabel!?". Nossa, parece, te juro por Deus, já ouvi algumas vezes... uma coisa bizarra. Parece que viu um fantasma.*

Mas, elas entendem, que remédio? Remédio, sim, amargo, agridoce, como Carol sente: *"A gente perdeu a mãe, é óbvio, mas todo mundo quase sente uma perda parecida com a da gente. Quando vejo, tô com medo"*.

Você conhece a cena, minh'irmã. Polis Sucos, esquina da Maria Quitéria com Visconde de Pirajá, Carol chega:

> *O cara olhou pra mim, e a gente se olhou, e ninguém falou nada. Pedi o mesmo sanduíche que eu sempre pedi a vida inteira com a minha mãe. Minha mãe tomava um suco de abacaxi com hortelã. Eu nem queria tomar abacaxi com hortelã, mas pedi o da minha mãe. Quando vi, eu não conseguia comer. Eu e ele, os dois, tipo: porra?*

Maria Clara chegou a interpretar você no último filme de Cacá Diegues, *Deus ainda é brasileiro*. Fez você chegando ao céu, apelando a Deus por mais uma chance para a humanidade.

Amasso em Pedro.

Tem braço pra todos,
Pedro, Carol e
Maria Clara. 2003.

Filhos e netos.

Você lembra que, desde pequenina, Maria Clara dizia que ia ser atriz. Quer dizer, não, antes ela queria ser palhaça, só depois atriz. Lembra no Japão, Clara tinha 6 anos, era 1989, apresentação do time? Você foi fumar escondida no banheiro (um clássico seu), quando começou a ouvir uma cantoria... Diante da plateia só de japoneses, Maria Clara, no palco, microfone na mão, mandando "Eu digo sim", da Angélica. Você correu para agarrar ela, ela escapou, ficaram as duas brincando de pique no palco, Maria cantando: *"Eu digo sim, sim, sim/ Mamãe diz não, não, não/ Eu não sei como sair/ Dessa confusão"...* Tremenda apresentação para o boquiaberto público nipônico.

Maria Clara parece ter encontrado a saída para o desamparo prolongando a vida da mãe na prática, na atuação da vida dela.

> *Minha mãe lidava com as coisas dela de uma forma muito ativa. Assim: ""Ah, tá doendo? Vamos trabalhar, vamos fazer, vamos viver, vamos...". Acho que isso me fortalece também. Não muda a dor, não muda o buraco.*
>
> *Faço muita coisa ao mesmo tempo, acho que isso é da minha mãe também. Não ficar parada. Não sofrer com o que não dá para resolver. Tomar providência.*

Comunicadora como você, Isabel, Clara gosta da palavra, do embate, do debate. Tá tocando tudo que você deixou encaminhado e inventando coisa nova. Sempre próxima do esporte, de vez em quando toma um chope com a Jackie – elas que formaram uma dupla de praia divertidíssima... Lembra? Jackie quarentona, resistindo a findar a carreira, você chega e manda: *"Pô, você não quer pegar uma jogadora jovem?"*. Jogaram juntas por um ano, Clara com 18 anos, Jackie, 40.

Com a autoridade de ter feito uma carreira bonita no esporte, Maria Clara estreou como comentarista no SporTV, nas Olimpíadas de Paris, em 2024. Comentou os jogos da irmã Carol, em dupla com Bárbara Seixas. Elas foram até as oitavas, e você sabe o imenso valor disso. É, Isabel, sua Carol chegou lá, virou atleta olímpica. Fez isso por você, confessadamente.

Maria Clara tem uma compreensão afiada de seu estilo de maternidade:

> *Era uma mãe muito diferente para cada filho. Ela sempre dizia: "Se eu vejo que você precisa mais de mim nesse momento, não vou ser igual com os outros. Os outros que se virem, vou focar aqui, se você precisa". E ela fazia muito isso.*

Tua intuição, Isabel, somada à experiência que todo atleta ganha sobre medicina esportiva, tirou Maria Clara de uma encrenca. Ela estava numa praia, sozinha com amigas, e ligou pra você: *"Mãe, tô passando mal. O médico do posto de saúde deu duas injeções de Buscopan e falou 'Você tá com cólica, vai pra casa'"*. Você desconfiou no ato, fez o diagnóstico pelo telefone: *"Ou é peritonite ou é apendicite"*.

Pilar já tinha se chegado, você mandou apertar a barriga da Maria e soltar. Bingo. Ligou para o craque Renan, pediu ajuda ao amigo firme. Mandou correr pro hospital, onde Renan já estava esperando, tudo encaminhado. Clara chegou às 3 horas da manhã, foi operada às 6. Mas, até aí, seria uma mãe, digamos, convencional. O médico tinha prescrito um mês de repouso. Você, Isabel, contrariou as ordens: *"Você diz que é profissional de vôlei de praia, tem 18 anos. O médico dá um mês, isso é frescura, é pra pessoa comum, não é pra atleta. Você vai agora andando até o shopping da Gávea e volta. Isso vai ajudar"*. E você tava certa.

Maria Clara é cascuda, tem a tua mesma abnegação, não é fácil demovê-la de seus propósitos. Conseguiu desenvolver o Prêmio Isabel Salgado, concretizando o teu legado num projeto com consequências palpáveis na vida real. Cavou o patrocínio do Banco do Brasil, você conhece essa pedreira. O desenho de premiação é esperto, promove e dá gás a projetos sociais, atletas e ex-atletas engajados, numa parceria com o terceiro setor. A Confederação Brasileira de Vôlei apoia e a gestão é do

Instituto da Criança. Não pude ir à noite da premiação de 2025, mas Alberto, meu irmão, me representou. E meu xará, Pedro Motta Gueiros, mandou este relato:

> *No meio da correria para a montagem do evento, do qual foi organizadora e apresentadora, Maria Clara arrumou tempo para dar um mergulho em Ipanema e manter o espírito Salgado. Foi um dia glorioso de outono no Rio, azul profundo, sol quente, vento fresco. O Prêmio Isabel recebeu cerca de duzentos convidados e tomou todo o primeiro andar da sede do CCBB. Alguns campeões olímpicos estavam presentes: Jackie Silva e Emanuel, no vôlei de praia, e Sérgio Escadinha e Fabi Alvim, da quadra. Medalhista de bronze pelo judô e fundador do Instituto Reação, Flávio Canto reforçava o time de empreendedores sociais, ao lado de Pedro Werneck, do Instituto da Criança, que foi parceiro de gestão para botar o Prêmio Isabel no calendário nacional.*
>
> *O espaço suntuoso e de alto valor arquitetônico do CCBB tratava o legado de Isabel como arte e patrimônio histórico. No 6 de maio de Maria Clara e Isabel, o espaço abrigou uma roda de samba com a cantora Teresa Cristina, encerrando a festa. Com 36 metros de altura, a cúpula da abóboda lembrava a de um ginásio onírico, um Maracanãzinho neoclássico com piso de mármore. A premiação foi entregue num auditório anexo, com espaço para 150 pessoas sentadas, e muita gente de pé. À frente do projeto, mas não sozinha, Maria Clara teve a companhia dos quatro irmãos, Pilar, Carol, Pedro e Alison, e de cinco dos seis netos de Isabel, afora parentes, amigos e companheiros da vida toda. Esporte fino, na elegância de quem jogava o fino, os filhos estavam enfeitados para a ocasião, bonitos, alegres, emocionados, mas com o despojamento que caracteriza a família. Todos calçavam tênis. O termo social ali não era código de vestimenta, mas propósito na vida, como definiu a atriz Regina Casé, ao subir ao palco do auditório para entregar os prêmios na categoria Raízes: "Isabel praticou a educação pelo exemplo, que é a mais*

eficaz. Falando em raízes, a gente vê como é tão arraigada a consciência social em todos os seus filhos. Raiz é não esquecer de onde veio. Você pode estar no Japão que vai carregar esse Brasil de profundas desigualdades. Encontrava com a Isabel na praia todo dia, vi todas a barrigas; ainda passo todo dia na rede, não vejo mais a Isabel, mas ainda a vejo em tudo o que está acontecendo aqui. Não precisa esforço para manter o legado, impossível esquecer Isabel".

Nesse ano de 2025, Maria Clara estreou como apresentadora de um videocast, com a incrível Carol Barcellos, *Muito além do esporte* – mais uma vez, um nome e uma ideia que são a tua cara, Isabel. Elas recebem sempre dois convidados – um atleta e um não atleta – e, a partir de situações do esporte, falam de dores e alegrias, e o que fazer delas.

Você vive nos filhos, minh'irmã, que seguem levando suas fés. Maria Clara:

> *Minha mãe não levantava bandeira, ela vivia a bandeira.*
>
> *Ontem, fui no cartório, o cara do xerox olhou pra mim: "Filha da Isabel, né? Nossa, sua mãe chegava aqui com um sorriso...". Outro dia, um taxista: "Falei pra ela: Pô, Isabel, tá muito trânsito para ir para São Conrado agora. Só se, de repente, a gente for pela Rocinha... Partiu, claro! Ela abriu a janela e foi se divertindo...".*

*

Engraçado, Isabel, mas faz sentido: o filho que tem mais traços de personalidade parecidos com os teus é homem. Até por isso, Pedro batia de frente contigo. Sério, minh'irmã, imagina você ter de encarar uma Isabel?

Hoje Pedro é pai, você agora é avó de um lindo menino, nascido em 2 de junho de 2024 – Miguel tem o teu bico, Isabel, essa boca característica que atravessa gerações. Bianca, a mãe dele, forma uma aliança incondicional com Pedro, segura a onda de um cara sofrido.

Olha, é uma bobagem medir ou comparar dores e sofrimentos, mas Pedro parece ser quem mais sentiu tua partida. Ou melhor, é como se ele não tivesse conseguido processar essa perda, como se se recusasse ao próprio luto. Abriu-se um buraco diante do Pedro. Certo, ele tá preenchendo esse vazio com a paternidade, tem uma mulher de mãos firmes dadas às dele. Mas não consegue, nem tenta, disfarçar a tristeza, a revolta. Pedro tem raiva da injustiça de sua morte, Isabel. Pedro não se conforma.

*

Dia 27 de março de 1986, acontecimento raro na família Salgado: nasce um menino. E o nascimento de seu primeiro filho homem, Isabel, não era inédito só pelo sexo do bebê. Pilar e Maria Clara foram surpresas, fruto de paixões juvenis. Vieram, chegaram, trouxeram alegria e sufoco, foram recebidas por teu espírito de aventura e tua coragem. Mas só tiveram mãe, por boa parte da infância. Os pais delas, João e Paulo, não tinham... como digo isso, sem pesar juízo? Não tinham estofo nem gosto, você iria concordar. Ao primeiro faltava... base emocional. Você sabe, era um menino com brabeza proporcional à sua insegurança. Ao segundo, faltava vontade, não queria ser pai, e nunca foi. Tanto que, hoje, o sobrenome de Pilar e de Maria é Solberg, perfilhadas por Ruy.

Não se trata de deitar regra sobre teus companheiros, se eles se encolheram ao lado de tua largueza, ou se você os escolheu justo por serem isso mesmo, menores, fracos frente à tua força. Faço essas observações para estabelecer melhor o contraste com o meio ambiente familiar que recebeu Pedro e Carol.

Ruy representou uma novidade de solidez masculina na sua vida. Vinte e um anos mais velho que você, vida organizada, resolvido financeira e profissionalmente, Ruy mesclava sensibilidade de cineasta com sagacidade de advogado. Ele te recebeu na linda casa dele, espaçosa, cheia de luz, enorme para um solteiro, mas que logo ficaria apertada pra tua trupe.

Vocês nem se conheciam pessoalmente quando Ruy se encantou. Primeiro, quando reparou – como não repararia? – na agitação do apartamento térreo no prédio de um amigo. Na lembrança dele, "*a casa só faltava vir pro meio da rua de tanta gente*". (Na minha lembrança, transbordou para a calçada várias vezes.) Ruy ficou sabendo que era a casa da família da "Isabel do vôlei". Gostou. Nessa época, Arnaldo Jabor, entristecido pelo fim do casamento, estava morando com Ruy. Numa manhã, os dois vendo televisão, apareceram você e Jackie:

> *As duas sentadas no muro, assim. Eu nem tinha prestado muita atenção nela. Aí o Jabor falou: "Interessante essa menina". Eu estava lendo o jornal, olhei: "É mesmo, que legal!". Eu achei engraçado, parecia um garoto falando. Tinha uma coisa, assim, de homem. Eu adorei. Achei genial: "Odeio mulher fresca". Jabor foi dormir. Abri o jornal e tinha a notícia que ela ia jogar na Tijuca.*

Ruy Solberg foi ver o primeiro jogo de vôlei da vida dele, mas se perdeu na Tijuca. Quando chegou, você já tava indo embora. Vocês se fizeram assim com a cabeça, ele não se aproximou.

> *Cara, que coisa! Por que eu não falei com ela? No sábado, teve outro jogo, no Maracanãzinho. Cheguei lá, fiquei próximo da quadra. Mais uma vez, ela saiu e fiz um sinal, só pra marcar. Ela achou meio estranho, saiu, eu fui embora. O que eu vou falar com essa mulher? Não tenho nada pra falar com ela.*

Ruy não podia imaginar quanto assunto vocês teriam... Com outra cineasta, Lúcia Murat, que morava no apartamento em frente ao seu, Ruy assuntou: "*Essa sua vizinha, hein?...*". E Lúcia: "*Acho que ela não tá namorando, não*". "*Pergunta se posso ligar pra ela.*" Você falou que sim, Isabel; você já tinha sacado Ruy, o cara que acenou pra você duas vezes na arquibancada e não foi falar. Vocês saíram, ficaram, dez anos juntos.

Você nunca foi "mulherzinha", foi isso que ganhou primeiro o Ruy. Logo ele percebeu que você se arvorava em cumprir dupla função, *"exercer paternidade e maternidade. Era difícil"*. (Penso agora que "arvorar" é um verbo que combina com você, exuberante e fértil.) Soberana, sim, mandona, também, mas irresistível. *"Nunca tirava o corpo fora. A marca principal dela era entrar nas coisas. Entrava na briga, entrava no meio, queria saber, se metia."*

Primeiro carnaval juntos, estão vocês dois num bloco, Ruy é apresentado ao modo Isabel de "intervenção social". Eu podia ver a cena enquanto ele me contava, Isabel:

> *Um cara jogou um copo de bebida na cara de uma mulher, e saiu correndo. No ato, ela mandou assim: "Vou sair na captura". Linguagem de policial, de delegacia! Falei: "Como é que é?". "Vou sair na captura!" Tinha aquele cordão, ela levantou e saiu atrás do sujeito. Eu fui junto, pra apartar; porra, vai sair porrada. O cara sumiu. Fiquei só imaginando o que teria sido a captura... Aí me ganhou, isso não existe. A gente casou rápido.*

Você foi honesta, como sempre, e avisou que a encrenca era grande. Falou pra ele: *"Você não tá entendendo. Não viu lá em casa como é? Aqui vai ficar igual"*. Ruy achou graça, apaixonado, encarou providências. A sala principal da casa foi dividida ao meio, virou dois quartos, com um beliche pra Pilar e Maria. Onde antes Ruy vivia só, passaram a ser treze pessoas, entre filhos, empregados, babás e cachorro.

Pedro nasceu logo, menos de um ano de casamento. Carol veio um ano e meio depois do irmão. O laguinho que havia no jardim foi coberto; Ruy fez um chalezinho ali, para seus filhos do primeiro casamento, então no começo de adolescência. Ruy resume bem:

Virou uma gincana. Tinha todas essas coisas que eu nunca tinha tido. Deu uma sacudida na minha vida. E, ao mesmo tempo, a minha felicidade era grande. Eu tinha 45, Isabel, 24. Foi lindo. De repente, minha vida virou um furacão, e eu amei.

Hoje dá para dizer, Isabel, que sua casa com Ruy virou o quartel-general de suas lutas, seu porto seguro:

De uma generosidade extraordinária, Isabel não queria saber de dinheiro, de se "dar bem", nada. As coisas dela eram uma bagunça. O importante era a intensidade com que vivia. Essa convivência aqui foi muito boa para ela nesse sentido, de ter um lugar em que todas essas coisas pudessem se juntar.

*

Ruy.

Ah, Isabel, só você mermo: dirigindo, a caminho da maternidade, em trabalho de parto, o carro quebrou. Você botou Celina, filha do Ruy, no volante, desceu e foi empurrar o automóvel. Em contrações, botou o Fusca pra andar, no tranco. Chegou ao hospital e teve mais um parto normal, como foram todos. Ah, Isabel...

*

"*Era uma vez um menino que se chamava Pe...*", e Pedro completava, "*dro!*", e você... "*pino! E ele era um bom me...*", "*nino!*". Toda noite, era assim que você começava a inventar a historinha pra adormecer Pedro.

Ele não tinha idade para lembrar de te ver jogando. Lembra só de vozes, muitas, no ginásio em Bérgamo, a torcida gritando teu nome. E lembra que, no final dos jogos, você sempre pegava todos os filhos e levava para dentro da quadra.

Pedro começou a jogar cedo, já buscando independência da mãe: em vez do Flamengo materno, foi aprender no Fluminense. Adorava o técnico, Paulo Maurício Guaraná, o Girino; mas sofria bullying por ser três anos mais novo que a turma, e por ser teu filho, Isabel... Trocou Flu por Fla, na Gávea só piorou a encheção de saco, nem o técnico ele curtia, voltou pra Laranjeiras. Talvez essas experiências ruins expliquem por que logo se transferiu para o vôlei de praia; com 16 anos já era profissional da areia. O início de carreira foi arrasador: com 17 anos, ganhou o Mundial juvenil, com 22, foi bronze; aos 28, sagrou-se o mais jovem campeão mundial.

> *Ela tinha um respeito muito grande pelo meu conhecimento, tinha admiração pela forma que eu via tecnicamente o vôlei. O que ela não gostava era da forma como eu lidava com minha vida. Nunca fui um bom atleta fora de quadra, e nisso ela era muito linha dura comigo. E era mesmo. Boemia total, sempre fui, sempre fui...*

Você também sempre gostou da boemia, né, Isabel? No começo, até achava graça desse fogo no rabo do Pedro, depois passou a cobrar; sabia que ele estava perdendo tempo. Mas a vida já era dele... Quando você virou técnica do próprio filho, era ruim de dar bom:

Eu nunca quis treinar com mamãe porque a gente era muito parecido. Precisava de alguém mais organizado. Eu era desorganizado e ela não queria ser organizada, não queria ser uma burocrata no sentido de ir lá, filmar os jogos, estudar adversários, o método dela sempre foi só intuição.

Só depois que vocês deixaram de trabalhar juntos, Pedro entendeu o sentido do que você dizia, ao assistir vídeos de teus jogos, ver fotos. Tua técnica perfeita de ataque, ele descreve com precisão poética:

O joelho dobrado, a mão segurando até o último momento. Ela segurava a mão – até por isso as fotos são tão bonitas. Quando eu vou bater, a minha mão já está aqui, meu braço desce antes. A de minha mãe era inacreditável. O joelho dobrado, você vê que aquela pessoa saltou mesmo, o joelho está dobradinho, a mão apontando para o céu e o outro braço lá atrás como segurando um arco e flecha.

Pedro teve uma boa sacada genética para explicar tua impulsão fora do comum: "*Ela tem uma coisa, estrutura mais de negro que de branco, de velocidade, explosão, seria uma boa corredora de cem metros*". A herança negra de tua vó Leda, claro! (Mais adiante, nesta carta tão íntima quanto aberta, vou falar do tanto que a memória, a palavra de Leda aparece toda hora na tua palavra, na tua atitude, nos humores e, sobretudo, na liberdade de espírito.)

Quando se compara a você como atleta, Pedro acaba entregando o jogo, de um jeito cândido e comovente, Isabel... escuta

Pilar, Pedro, Carol e Maria Clara. 1989; Alison. 2017.

só, o amor, a identificação muito além da esportiva: *"Eu queria ter sido como ela"*.

O casamento com Ruy teve duas fases, a primeira década, seguida de dezoito anos de separação, e a reconciliação que durou pouco mais de um ano. Assim como a alegria do nascimento de Pedro tinha marcado o início de vocês, a urgência de ajudar o filho foi o que reaproximou o casal.

*

Era julho de 2011, Pedro estava na Rússia para um torneio quando recebeu e-mails da Agência Mundial Antidoping e da Federação Internacional de Vôlei com um comunicado sucinto, implacável: estava proibido de entrar em quadra. Tinha testado positivo num exame antidoping. Pedro ficou desesperado, nunca tinha usado nada para melhorar desempenho. Mas como provar que o exame estava errado? Quem iria acreditar?

> *Me deu vergonha. Imagina, vindo da família que venho, ser acusado de estar roubando, de ser um ladrão. Foi muito sinistro. Na hora, achei que eu tinha sido contaminado, que tinha tomado um suplemento adulterado, que tinham me sabotado. Não podia supor que tivesse ocorrido o que ocorreu, um erro laboratorial. Isso nunca tinha acontecido. Ou nunca tinha sido provado.*

Você acreditou em seu filho, foi a única pessoa. Quem poderia imaginar que o laboratório tinha errado? Isso era impensável. Pedro chegou da Rússia, você tava se recuperando de uma cirurgia, marcou uma consulta com um advogado.

> *Cheguei lá, o cara não acreditava em mim, dizia: "Ah, eu sei como que é isso...". Entendo ele não acreditar, eu também não acreditaria. É muito improvável um cara ser acusado de doping e não ter se dopado.*

Isabel, você que sempre comprou briga de qualquer estranho, nesse momento, minh'irmã, enfrentou a maior briga de sua vida. Concentrou toda a sua energia, largou todo o resto, pra se dedicar, integralmente, empenhar sua vida pra defender seu filho.

Mamãe me empurrou: "Vamos lá, vamos lá, vamos lá", e eu fui indo. Se não fosse ela acreditando em mim... E quando ela entendeu o que tinha acontecido, ficou desesperada, queria matar o cara do laboratório. Inacreditável, a luta dela. Virou a causa da vida dela.

Contra todas as jurisprudências e os prognósticos, no fim você triunfou, Isabel, a inocência dele foi provada, reconhecida. Mas muito já tinha sido perdido. Depois de intermináveis seis meses de idas e vindas, provas, contraprovas, instâncias contra e a favor, quando Pedro voltou a jogar, já tinha perdido parceiro de jogo, patrocinador, prêmios, e oito campeonatos classificatórios pra Olimpíada de Londres, em que chegaria na melhor forma da carreira – no ano seguinte, formaria a melhor dupla do mundo com Bruno Schmidt. *"Ninguém se retratou, o laboratório nunca me pediu desculpas."*

Só quando Pedro foi inocentado, você se permitiu desabafar:

Foram noites horríveis, ver meu filho acusado. É um crime, então você saber que as pessoas estão olhando para o seu filho como um criminoso – e saber que ele não é! É um crime dentro do esporte, o doping para a gente é isso, crime, e ser acusado de um crime é muito pesado. Ainda mais quando se tem certeza de que não cometeu. Não existiu mais nada na minha vida nesse período a não ser tentar provar que o Pedro estava limpo.

Sua dedicação ao Pedro era tamanha que você indicou seu próprio analista pra ele. Parece meio maluco, mas vocês dois toparam, e o terapeuta não viu conflito de interesses. Doutor Arnaldo Chuster conta: *"Ela pediu para que eu o atendesse. Ela queria renunciar ao lugar dela para que eu atendesse o Pedro aqui. Eu disse que atenderia, não tem mistério"*.

Depois que você morreu, entendi como a psicanálise te ajudou. Nesse mergulho na tua história, tenho ficado ainda mais abismado com tua inteligência. Caramba, que cabeça, minh'irmã!... E livre, original, desencabestrada. Mas, como diagnóstico, ou melhor, como motivo para que você procurasse a análise, figurou um sintoma central: excesso de sensibilidade. Era esse sentir desmedido que você queria entender, queria sofrer menos – você precisava aceitar que havia coisas fora do teu alcance, sofrer menos por isso.

Arnaldo Chuster me contou, com saudades:

> *Sinto falta dela. Sempre penso nela. Às vezes, chego no consultório, fico pensando nela. Ela vinha muito a fim, no horário, nunca faltava. Chegava na hora, aproveitava até o último minuto. Sinônimo de vida.*

Você tinha uma sensibilidade bem acima da média, e pelejou toda a vida num ambiente em que as pessoas se embrutecem, seja como mecanismo de defesa, ou ataque. Você nunca se embruteceu, manteve a enorme sensibilidade. Na voz de Arnaldo: *"As frustrações ela compensava com inteligência, com ação"*. Rápida como sempre, na terapia aprendeu a pensar analiticamente – e também profundamente. Buscou ajuda, queixando-se que era mais sensível do que gostaria de ser, mas que não queria ser uma pessoa diferente da que era. Mesmo porque, esse era seu trunfo, assim na vida como na quadra. Jogadora intuitiva, sabia onde a bola ia cair, sabia onde tinha que a colocar. No jogo social, sabia o que falar, o que dizer para as pessoas na hora certa. Tua intuição, minh'irmã, era a capacidade de se observar por dentro, de ficar sozinha. Você tinha uma insuspeitada capacidade de ficar sozinha – gregária primordial, sabia ser feliz sozinha.

*

Isabel, minh'irmã, tua caçula, Carol, parece ter virtudes do junco, flexível e inquebrável, leve. É claro que, sob essa aparência quase plácida, agitam-se os turbilhões e as correntezas que todos guardamos sob a pele. Mas ela passa segurança em sua doçura, não se esquiva, tampouco se deixa manipular – filha da mãe. Você ficou entranhada na tua caçula biológica.

Lembra como Carol foi a adolescente anticlichê? Em vez de se afastar da mãe, grudou mais ainda em você. Até viagens com o namorado eram a três.

Eu fui muito, muito, muito grudada nela. Assim, fora do normal – aquela coisa do adolescente não querer falar com a mãe, era exatamente o contrário. Eu amava estar com minha mãe. Contava tudo pra ela, nunca escondi nada. Quando fiquei a primeira vez, a primeira transa, tudo, a primeira pessoa para quem eu contava era ela. Ela vibrava, a gente era muito parceira, muito mesmo.

Tanta intimidade e convivência explica ela não apenas levar sua semelhança física, mas ter os mesmos gestos e expressões. Uma Isabel felina igual, talvez menos tigresa que gata.

Quando chegou a hora de Carol encarar o vôlei profissional, lá estava você.

Antes de jogar com minha irmã, eu ia fazer dupla com outra parceira, só pra conhecer o circuito mundial, a fase brasileira. Eu nunca tinha visto o circo montado. Minha mãe disse: "Cara, acho legal você ir pro campeonato brasileiro pra tomar uma porrada, ver o que é o campeonato". Ela já era técnica. Comecei a treinar, e minha dupla se machucou, a uma semana do campeonato. Falei: "Mãe, vamo comigo". "Cê tá louca?" Ela estava com 42 anos. Eu tinha 15. Fomos para Recife, jogamos meu primeiro campeonato profissional. Passamos no qualify, classificamos pro torneio, ficamos em último.

A gente sabe, minh'irmã, títulos e colocações nunca foram tão importantes ou decisivos na tua história.

Quando Carol e Maria Clara foram encarar o Circuito Mundial do Vôlei de Praia, você levou as duas pela mão, desdobrou-se em técnica, médica, gerente-mãe.

A gente não tinha grana. Minha mãe dormiu sei lá quantas vezes no chão, para que eu e Maria dormíssemos na cama, tínhamos jogo no dia seguinte. Ela botava um colchonete no chão. Era capaz de fazer qualquer coisa para a gente estar bem para jogar, botava tudo dela. Não lembro de minha mãe chegar num treino mais ou menos, meia-bomba. Todo dia ela tava inteira ali, querendo tudo. Impressionante.

A corrida olímpica de Carol para chegar a Paris começou um mês depois que você morreu, Isabel. Nada podia ser mais difícil. Não havia como não se lembrar de você, o tempo todo. Você estava em todos os lugares, em cada quadra, em cada arena, em toda bola. Carol não conseguia parar de chorar.

Eu não conseguia bater na bola. Eu fugia, fugia 100% do traçado. Pensava nela, paralisava completamente. Os seis primeiros meses da corrida olímpica foram sinistros. Chorando dentro de quadra, direto, todos os dias.

Até que a fase decisiva chegou, na Suíça. Gstaad é um lugar cheio de lembranças suas, onde vocês foram felizes; você tinha paixão pelo rio Saane. Mas Carol perdeu os dois primeiros jogos, estava a uma derrota da desclassificação.

Naquele jogo decisivo, tinha começado mal, perdido o primeiro set. Nada melhorou no segundo, até que Carol foi para o saque, atrás no placar por 20 × 15. *"Fui pro saque e, pela primeira vez, pensei na minha mãe: 'Cara, preciso de você'. Foi muito louco. Eu virei o jogo. A gente ganhou. Um negócio tão louco, louco."* Carol virou a partida, seguiu para a semifinal.

Pedro estava jogando o mesmo torneio, mas você conhece a peça, Isabel, ele nunca foi de torcer – Carol se esgoelava pelo irmão, mas ele preferia sofrer quieto. Não naquele dia. *"O Pedro torceu muito, como ele nunca tinha feito. E falou: 'Cara, o que foi essa virada?'"* A partir dali, abriu-se o caminho para Paris.

Quando acabou o jogo, fui direto para o rio Saane. Tive, sei lá, um colapso. Nem sei explicar o que foi, mas senti a presença de minha mãe, num grau... Parecia que eu tinha, sei lá, que não tinha mais como eu perder.

Carol encontrou uma maneira de se reconciliar com tua ausência, m'irmã, com tua presença na ausência. A dor virou trunfo. Entendeu que não tinha como fugir, nem por que fugir.

Precisei me conectar com minha mãe, não teve jeito, encontrar uma forma de pensar nela e me fortalecer. Não podia pensar nela e isso me enfraquecer, isso ia deixar ela puta.

Antes daquele campeonato, uma música que tocasse, uma lembrança, Carol travava. Depois de Gstaad e do Saane, o rio de vocês, ela parou de tentar fugir das memórias.

Vou pensar na minha mãe, e vai ser muito bom. Mesmo com a dor, mesmo chorando. Entrei em quadra aos prantos muitas vezes. Mas entendi que era como podia estar inteira ali. Tô aqui com o que eu tenho, que é a minha dor, a minha história, e quero isso aqui mais que tudo. Eu só sei jogar de verdade sentindo isso no peito. Essa dor faz parte de mim e vou jogar com ela. Vai ser assim.

E foi assim, Isabel, que Carol se classificou para os Jogos Olímpicos de Paris.

Técnica de Maria Clara e Carolina. 2006.

*

Você precisou de Alison. Você tinha 53 anos, filhos grandes e encaminhados, já era avó. Mas precisou de Alison. Você sempre dizia que queria adotar uma criança.

Corre a história de que você tinha feito duas promessas de adoção. Quando Bia, tua irmã, teve o diagnóstico de uma doença grave, prometera adotar uma criança, caso ela ficasse boa. O diagnóstico revelou-se errado, falso positivo – promessa atendida? A segunda promessa foi para que o filho Pedro fosse inocentado da acusação de doping, o que de fato aconteceu. Talvez mais por sua lida, Isabel, que por graças celestes, só Deus sabe. Mas nem carecia de promessas.

*

Com todos os filhos.

Alison conhecia você pela TV, por tua participação no Ultimate Fighter Brasil. Você também conheceu Alison pela TV. Numa madrugada insone, aquela reportagem de Ribeirão Preto chamou tua atenção. Duas crianças, dois irmãos, esperavam adoção – o orfanato particular que os abrigava iria fechar. Desde os 4 anos, eles viviam em instituições, biografias marcadas.

Quando você chegou em Ribeirão Preto, o mais velho, Leandro, já tinha sido escolhido por uma família. Você e Alison foram comer uma pizza. *"A gente ficou conversando a noite toda. E eu não tinha família para ser adotado, então... ela pediu meu número."* Alison tava cabreiro, escaldado, já tinha sido adotado uma vez e "devolvido".

Você fez tudo por conta própria, Isabel, atropelou geral. Convocou Pilar, Maria Clara, Pedro e Carol, só para comunicar a decisão. *"Ela nos juntou para contar que ia adotar o Alison."* Maria Clara lembra que ficaram meio bolados, preocupados com tua idade e com a idade dele, já adolescente. Mas você nem parlamentou: *"Nunca perguntei nada a vocês, e não é agora que vou perguntar. Só estou comunicando minha decisão"*.

*

Alison só conhecia o Rio de Janeiro das novelas.

> *No fim de semana seguinte, ela voltou. A gente foi ao cinema, comi pela primeira vez no Outback, passamos um dia juntos, uma noite. Dormimos num hotel.*
>
> *Ela foi muito sincera, disse: "Eu não tinha expectativa de adotar, mas tenho esse espaço na minha vida e, se você quiser, será muito bem-vindo". Foi muito direta. Uma semana depois eu já estava no Rio de Janeiro.*

Alison não esquece como você apresentou o Rio pra ele, apontando cada cantinho, contando histórias. *"A gente foi andar de bicicleta na Lagoa Rodrigo de Freitas. Coisa linda. Parecia um sonho."* Era mesmo matéria de sonho, só que a adaptação tinha

crueza de realidade. Como ele ia entender o que significava essa família, como pertenceria àquilo? Qualquer discussão ou cobrança deixava o menino inseguro: *"Ela me corrigia em tudo. Eu tinha medo: vou ser devolvido de novo?"*. Alison queria tudo ao mesmo tempo, menos estudar; foi reprovado no primeiro ano. *"Meu negócio era sair, agradar todo mundo, fazer amizade. Ela me dizia que, daquele jeito, não ia dar certo. Dito e feito"*.

Viajando com teu outro filho pro exterior, você já tinha se habituado a chamarem o Pedro de "black", a ser classificado como negro. Alison fez você experimentar nosso racismo doméstico. Você não ia deixar barato: comprou briga com o colégio, onde Alison era o único preto. Trocou a escola, para outra de elite, mas com bolsistas da Rocinha; menos mal, menos solidão. Lembra de tuas instruções? *"Se a polícia te parar, diz que você tem mãe, dá logo meu número!"*

Alison viveu uma pedreira de adolescência e, claro, você também. Jackie me contou que...

> *Ele a questionava muito, não aceitava as ordens. Era o único que encarava ela, mesmo com toda a fragilidade natural da história dele, e ela engolia. Fazia a comida de que ele gostava, dava as coisas que ele queria. Realmente ser mãe do Alison era importante pra ela...*

Você queria que ele te chamasse de mãe, claro, mas ele jogava duro. *"Nunca chamei ela de mãe. Mas, hoje, pras pessoas, digo 'minha mãe'."*

Numa vida de várias perdas, tua partida golpeou Alison: *"Não foi a primeira perda da minha vida, mas sem dúvida foi a mais importante"*. Vocês estavam estremecidos, ele tava morando com o irmão, Pedro. Quando chegou ao hospital, em São Paulo, e te viu entubada e ligada aos aparelhos da UTI, desmaiou.

Agora, teu caçula parece bem, convive com os irmãos, mora sozinho, se mantém por meios próprios e faz planos, trabalhando em produção de eventos e cursando a faculdade de Publicidade.

> *Sonho muito com ela. Nunca são momentos que a gente viveu, e sim novos momentos. Ela achava que eu dançava superbem. Em todo encontro de família, dizia: "Dança lá!". Num desses sonhos, a gente dançava juntos numa festa e, no final, se despedia. Cada um ia para um canto.*

Você mandou bem, Isabel. É muito complexo, arriscado mesmo, educar um órfão adotado já crescido, e ainda em pleno choque cultural da súbita passagem do desamparo e pobreza para o conforto e brilho da zona sul carioca. Valeu a você, minh'irmã, uma compreensão profunda, não romantizada do amor materno, que sabia explicitar:

> *A grande coisa na relação mãe e filho, aprendi quando minha segunda filha nasceu. Eu era completamente apaixonada pela primeira. Já tinha vivido com a Pilar por alguns anos. Quando Maria Clara veio, olhei pra cara dela e percebi que a sensação era diferente. Aí o tempo passou, e vi que estava apaixonada por ela também. Veio o terceiro, o Pedro. Olhei pra ele e falei: "Fique tranquilo, você logo vai entrar pra nossa turma". Com a quarta, Carol, foi a mesma coisa. Quando o Alison chegou, eu já sabia... Essa expectativa de amar uma pessoa no primeiro dia, mesmo que seja seu filho, é furada, uma forçação de barra. Nossa história é uma história de amor feita no dia a dia. A cada dia que passa, o Alison gosta mais de mim, e eu gosto mais dele, exatamente como aconteceu com os meus filhos biológicos. Criar é a grande onda da maternidade. É um laço que você constrói, por isso acredito na adoção.*

Você sabe: o grande amor é sempre adotivo.

A casa da Gávea

Eu nunca fiz coisa tão certa
Entrei pra escola do perdão
A minha casa vive aberta
Abri todas as portas do coração
"Água de beber", VINICIUS DE MORAES e TOM JOBIM

Tantas metáforas cabem em você, minh'irmã... onda, ventania, raio, areia de Ipanema... como também lhe cai bem a figura de uma árvore, plena de frutas, vasta sombra. Melhor ainda seria – e você foi, é e será – uma casa. Casinha de desenho de criança, com planta baixa traçada em versos, casa de poema. Uma casa ampla, sempre de portas abertas, onde a chave é um grito da calçada. Você sempre adorou casas, arrumar, mexer, mudar, reformar – principalmente receber. Cozinha que abre pra sala, que abre pro jardim, que abre pro portão, que chama gente que não tem hora; abrigo. Metáfora, sim, mas não exagero.

Assim como não é exagero chamar a casa da Gávea de tua primeira casa. Sim, você já tinha na tua história os apartamentos de Ipanema em que foi criança e adolesceu, teve ainda outros pousos mais ou menos breves com os primeiros companheiros, viveu intensamente no adorável térreo da rua J. J. Seabra, no Jardim Botânico, onde morava até conhecer o Ruy. Quando se encontraram, lá se foi você ocupar a linda casona dele, levando teu caos e tua ordem, deu cara ao lugar. Mesmo assim, aquela seguiu sendo o que era e ainda é, a casa dele, a casa do Ruy.

A casa da Gávea, não. Entre as moradas, do Rio e do mundo, em que você reinou, a casa das casas da tua vida, aquela que ficará para sempre na parede da memória da família e dos amigos, será a da rua João Borges, 44. O psicanalista suíço Carl Jung, mestre dos símbolos e arquétipos, explicitou a casa da gente como um espelho do que somos. Assim foi a casa da Gávea, lugar em que, ao projetar, você se projetou, refletindo em plano concreto o seu "self".

Assim como você, que nunca coube em si, a casa transbordava pra rua, permeável nos dois sentidos, derramava vida calçada afora e recolhia em si a vida da rua. Nunca teve chave. Ou melhor, tinha chaves, sempre perdidas. Dava-se um grito, ou pulava-se o portão, se necessário – assim foi muitas vezes. Na perigosa cidade do Rio de Janeiro, em quase trinta anos, a casa nunca foi ameaçada, nenhum assalto, nenhum roubo. Quando foi preciso, você montou guarda, já lembro dessa, minha irmã. Antes, vou te contar, entendo tua mudança pra Gávea como um recomeço geral de vida, a virada adulta.

Naquele ano de 1991, mais que a reforma da casa, caída do jeito que tava quando você a comprou, era a reconstrução de toda tua vida, teu corpo, tua família, teus amores, tua carreira. A começar por teu joelho, reconstituído pelo ortopedista Arnaldo Santiago, que demandava uma longa recuperação, fisioterapia até fazer bico, aquela chatice inevitável. Agora, sim, relembro quando você teve que montar guarda. Você tinha acabado de se mudar pra lá, joelho recém-operado. Por causa das obras, certa noite a porta ficou sem tranca, escancarada. Você resolveu que ia dormir lá assim mermo, casa aberta, todos os filhos e uns sobrinhos também. Botou um colchonete de soleira, deitou sob o batente, porta entreaberta, dormiu abraçada a um facão. Se alguém tentasse entrar, teria de passar por cima de você, ali, de peixeira na mão. Trate-me leoa...

Pedro tem vivas e doces lembranças daquele tempo:

Até meus 5 anos, a gente morava na casa do meu pai. Não gosto de dizer isso, mas eu não gostava tanto da casa do meu pai. Era uma casa incrível, mas não tinha criança! Logo na primeira noite na Gávea, a gente abriu o portão, olhou pra rua... e tava repleta de criança jogando paredão! E a mamãe: "Vai, vai, vai!". No dia seguinte, a gente já ficou superamigo do vizinho. Quando vi, tinha uma galera de vinte amigos na rua, em nossa casa... isso era a mamãe, porta aberta a vida inteira. Sempre tinha alguém agregado morando na casa, nunca teve só a gente. Sempre tinha um assistente técnico, um amigo de um primo, um primo de um amigo, um não sei quem...

Na Gávea, você virou dona, rainha, assentou teu castelo. Tecnicamente ainda não estava solteira, você e Ruy tiveram um lento *fade out*, buscavam um jeito de fazer mais feliz o casamento, num esquema de namorados, passando ora um a noite lá, ora outro a noite cá.

Aos 31 anos, você pôde fazer o que tanto gostava e que lhe era natural, espontâneo: interferir na paisagem dada, embelezar, adaptar, melhorar. Exteriores e interiores. Ergueu a morada dos sonhos, para si e para os outros – para todos.

Contando uma história clássica de infância, Pedro descreve teu jeito de proteger:

Se estivesse com medo, a gente ia pro quarto dela, todo mundo carregava seu colchão. Maria era a mais medrosa. Mas todo mundo adorava fazer isso. Víamos filme juntos... Lembro de a gente fazendo macarrão no final de semana, cortando presunto, botando todo mundo no carro e: "Vambora pra Joatinga!", "Vambora pra Ipanema, pra Prainha"... Programas assim em que a gente levava a turma toda da rua. Não existia isso de "não cabe", sabe? Tem que ir todo mundo. E na Gávea a gente tinha que estar em casa até às 10 horas da noite. Chegava imundo em casa, fazia um barulhão, a rua inteira ouvia, a gente quebrava tudo. Mas respeitava a mamãe. Quando ela chamava, a gente ia, não tinha essa. Ninguém desafiava a mamãe.

A madrinha do Pedro, Gil Gross, acompanhava aquela infinita obra em progresso, participava das reformas às festas. Gil contou que você sempre pedia e ouvia a opinião dela, que você fazia com que participasse de decisões e escolhas, mas que tuas ideias, sempre muitas, se bastavam:

Isabel tinha um bom gosto absurdo pra decoração. Era tudo de ladrilho hidráulico e madeira de demolição. Na rua, tinha muitos prédios, não paravam de subir novos. Assim que pôde, Isabel comprou a casa ao lado, pra que não surgisse mais um prédio ali, a lhe fazer sombra. Ela derrubou a casa original de ponta a ponta.

Dois andares, a casa original tinha três quartos em cima, mais um menor embaixo, três salas e cozinha. Na área externa, lavanderia e um quarto sobre ela; churrasqueira nos fundos. Jardim cheio de mangueiras.

Eu assisti a tudo aquilo pela janela. Ela se recuperando da cirurgia no joelho, uma disciplina, entende? Imaginava-se que aquilo era o fim, o fim da carreira, né? E eu fui vendo como ela foi se levantando, sabe? Uma garra, uma perseverança. Sempre alegre, sempre pra cima. Aprendi muito com aquilo, ela me ensinou muito pela ação.

Nossa amiga Carla Esmeralda, tua vizinha de porta, contou:

Entre nós tinha um muro muito fininho, pequenininho. Parecia um muro de papel. Isabel queria muito que morasse alguém ali com uma criança, alguém amigo, né? Era uma casa de um senhorio, a parte de cima dele, eu morava na parte de baixo. Aquele muro era de papel, completamente transparente, como se a gente fosse uma casa só. Morar do lado da Isabel foi pra mim ganhar uma família, não tem dúvida, porque ela sempre foi família. Todos os domingos, tinham os encontros com as irmãs, todas falando alto e cheias de opiniões próprias, atitude. Era lindo de ver. Assim dava vontade de segunda-feira acordar com atitude, falando alto o que se quer, entendeu? A Isabel foi de fato uma irmã. Não só para mim. Para nós todos.

O "nós todos" a que Carla se refere era o triângulo das três casas, as de vocês duas mais a do poeta Bernardo Vilhena, em frente. Pronto, estabeleceu-se a gangue mais linda. As idades eram próximas: Pedro, 5 anos, formava a trinca de meninos, com João Pedro Vilhena, 4, e o filho da Carla, Leo, de 3. Carol, com 4 anos, e a caçula de Bernardo, Maria, com 2 aninhos, seguiam os encantos de tua Maria Clara, com 8. Rita Vilhena, 16, regulava com Pilar, 13. Todos se tornaram irmãos, até hoje como irmãos se tratam. *"Na criação da gente, Isabel sempre juntava, organizava, como a gente vai fazer; vamos levar pra esse lugar, vamos levar pro outro"*, Rita define, "*uma irmandade*".

Você era o centro de gravidade daquela comunidade hippie, tomava conta dos pequenos e dos grandes também. Como quando um tio de Rita, sujeito enorme, 2 metros de altura, parrudão, começou a brigar feio com o pai dela, no portão, quase na calçada.

Começaram a ter uma discussão, do meio do portão pra dentro, mas todo mundo ouvindo. Isabel foi lá, se meteu no meio e separou. "Para com isso, nada a ver, meu irmão... não briga." Uma situação... Conseguiu separar os dois caras enormes. Ficaram os dois, tipo, caraca, o que é que tá acontecendo? Era a xerife da rua, tudo chegava nela.

Outra feita, m'irmã, você foi interferir na casa da Carla. Ela tava no banho e o Mauro, pai do Leo, tinha saído havia pouco, mas logo voltou, tinha esquecido alguma coisa. Carla ouviu barulho, achou que era ladrão, começou a gritar por socorro. Você foi à janela: *"Aí, minha irmã, se precisar de alguma coisa, tô aqui, hein!"*. Grande acontecimento na rua... Mauro tentando entrar em casa.

As crianças cresceram educadas na tua hospitalidade radical. Viam os amigos da mãe sempre em casa, café, almoço e jantar, a qualquer hora. Nada ideológico, mas era o antimodo burguês de ser. Carol tenta explicar:

> *Era uma casa em que no almoço sempre chegava alguém, no jantar também. Sempre tinha alguém dormindo. E ela não tava nem aí. A maioria das pessoas costuma passar por cima de qualquer coisa pra preservar um suposto bem-estar, pra não entrar em conflito. Minha mãe não era assim, pelo contrário. Para ela, o importante eram as pessoas. O lance era falar a verdade e, se preciso, entrar no desconforto.*

O que tua Carol tá dizendo aí é que você nunca se acomodou em convenções sociais que impedissem de ver quem se punha à tua frente.

Redes de vôlei por todo o terreno, uma escolinha intensiva, em tempo integral. Rita, assim como Pilar, não jogava, mas acompanhava tudo, claro:

> *Era uma eterna quadra de vôlei onde tudo acontecia. De vez em quando, alguém se machucava feio e ela saía correndo para salvar, né? Era o que acontecia o tempo inteiro. Tocava um telefone, ela desaparecia e voltava, sempre contando uma história enorme de alguém. E sempre muita gente! Impressionante. Isabel foi criando todo mundo.*

Rita, que tinha ficado órfã havia menos de um ano, encontrou outra mãe em ti. Quando ela, jovem, engordou, lembra?

Isabel se virou pra mim e ordenou: "Então vamos emagrecer". Eu falei: "Ué, vamos?". Ela passou a me levar pra correr na praia todos os dias. Eu tinha 18 anos. Quando a gente voltava, ela mandava eu ir em casa, tomar banho e voltar pra almoçar. Ela fazia frango grelhado com salada pra mim. Tinha, sim, uma coisa autoritária, ao mesmo tempo de mãe mesmo; era um carinho, um amor fora do comum. Quando precisei sair de casa, arrumar trabalho, ela passou a mão no telefone de manhã e, à tarde, eu já tinha emprego.

Até hoje Rita trabalha em cinema, meio em que você tem muitos amigos, a quem podia recorrer a qualquer hora. Assim como esses amigos sabiam que você estaria sempre a postos, não só solidária em tese, mas pronta pra resolver problemas. Você tinha mermo o sentido apurado de pescar no ar se alguém tava precisando de ajuda, como Rita confirma:

Ela tinha um faro pro negócio, porque, quando você tava ali, numa situação meio braba, dali a pouco ela surgia: "E aí, minha irmã?". Uma coisa impressionante, porque não só eu, muita gente fala a mesma coisa. Um lance que era dela mesmo.

Minh'irmã, você é aquela pessoa que ligava para os outros só pra saber se tava tudo bem. Tua vizinha, Carla, lembra que você já chegava perguntando:

"E aí, minha irmã, tá precisando de quê?" Isabel tava ali quando minha mãe morreu, tava ali quando perdi meu trabalho de anos, tava ali quando me separei. Sempre ali: era uma proteção enorme. E uma vontade de viver que contagiava. Só de olhar pra Isabel, me dava muita vontade de viver. Qualquer momento meu de depressão, quando eu ouvia o barulho da casa dela acordando cedo pra todo mundo ir para a praia, jogar, eu levantava, levantava mais feliz. Isabel foi uma parceiraça. Sempre falo de meu filho, seus filhos, nossos filhos... Mulheres, né, sozinhas...

Depois de uns três anos, teu namoro com Ruy tinha esfriado. Enquanto as crianças cresciam, viravam adolescentes, você pelejava pra manter o barco. Não foram tempos fáceis de grana. Numa das viagens à Califórnia, jogando vôlei de praia, você conheceu Gian Pietro. Tua amiga Gil Gross estava com você naquele torneio, em Hermosa Beach, Los Angeles.

Quem chamou a sua atenção primeiro foi o negro enorme que tava ao lado daquele italiano, um certo Wilt Chamberlain, simplesmente o maior cestinha da história do basquete, o único a ter marcado cem pontos numa partida. Chamberlain gostou de te ver, ficou assistindo tua partida, fascinado. Gil não sabe nada de basquete, ficou vidrada foi no italiano com pinta de modelo, gatíssimo num nível...

Depois de verem você jogar, e ganhar, Gian Pietro convidou: *"Vocês não querem encontrar depois pra tomar um drink? Claro, né?"*. Até aí, Gil achou que o cara tava na dela... você querendo pular fora: *"Pô, tenho que jogar amanhã"*. Mas foram... pra beira da praia.

> *Chegamos, Isabel sentou na frente do Gian, eu na frente da amiga dele, todos conversando. Isabel falava italiano perfeitamente. Dali a pouco, eu olho... "Meu Deus, sobrei...". No hotel, falei: "Pô, deu liga!". Ela: "Imagina!".*

Mas, sim, tinha rolado química entre vocês. Gil te zoou a vida toda depois disso...

> *O homem nem olhou pra minha cara! Eram mais três dias de torneio e ele ali no pé dela. Ficaram juntos, começou a rolar, mas ela foi pro Japão, direto de Los Angeles, jogar outra etapa. Na volta, em vez de ir pro Rio do Japão, voltou para Los Angeles e ficou uma semana com ele lá.*

Uma semana que durou quase sete anos de casamento.

Gian Pietro não foi apenas mais um agregado na casa da Gávea. Vocês se casaram, papel passado – por amor, e também para regularizar a permanência dele no Brasil. (Muito tempo mais tarde seria a cidadania italiana que teria valor pro temporão Alison.) Depois da relação com um companheiro vinte anos mais velho, agora você era a sênior, oito anos mais velha.

Quem adorou a chegada de Gian Pietro foi o pré-adolescente Pedro:

Eu tive uma ligação especial com o Gian. Foi o primeiro namorado da minha mãe que eu conheci. Eu tinha 9 pra 10 anos. Ele gostou bastante de mim também, tinha uma coisa comigo muito forte. Ele gostava de jogar vôlei, de ir pra praia... Quando eu jogava na base do Fluminense, treinava até tarde da noite, Gian ia me buscar. Tinha os jogos nos fins de semana, na Tijuca, no Grajaú... Gian sempre comigo. De moto, sempre com aquela motoca dele. Minha relação com ele transcendeu a minha mãe. Ele gostava de mim como um filho, tinha uma parada comigo, de achar que eu era muito melhor do que eu era. Coisa de pai mesmo... Assim, um olhar pra mim como se eu fosse o melhor jogador do mundo. E eu me sentia assim quando ele me olhava, quando ele falava de mim com orgulho grande.

Da época em que vocês viveram juntos, as testemunhas enfatizam a beleza dele, e a doçura... *"Dulcíssimo, muito doce, muito doce, maravilhoso italiano."* Carla Esmeralda conta que ele virou parte da força-tarefa de solidariedade da casa:

Nosso cachorro chorou a noite toda. Eu não acordo à noite e meu filho Leo não tava dando conta daquela situação. Quando acordei, tava o italiano dormindo no quarto do Leo. Os dois juntos, agarrados com o cachorro, calminho. Ele era da turma da Isabel.

Gian era um duro, não tinha trabalho; até corria atrás, tentava uns projetos, mas grana, era contigo mermo. Como você sempre soube, cada um dá o que pode, e o que Gian tinha pra dar era uma tremenda mão na rotina da tua comunidade hippie; ajudava de verdade, permitia que você tivesse um mínimo de vida além da função integral de mãe. Parceiro, também foi sócio de teu empreendimento no comércio. A loja de roupas chamada Gib, que deu ruim, acabou por problemas sérios com outro sócio, que se revelou um picareta. Curioso que o primeiro sintoma do desacordo entre os sócios foi uma reação tua, digamos assim, ideológica... Já que a loja tinha como marca e trunfo o teu nome, o tal sócio teve a ideia de confeccionar uma camisa com teu rosto estampado. Inês, tua irmã, lembra como você reagiu à ideia – uma contradição entre termos:

> *Uma coisa boba... o cara propôs fazer uma camiseta com o rosto dela nas costas, uma foto dela jogando, atacando. Uma foto bem bonita. Sabe as camisetas de surfista com flores em volta da foto? Realmente muito bonita, parecia camiseta gringa, californiana. Isabel teve uma crise. Falou que jamais, que não ia ficar vendendo a imagem dela. "Que história é essa? Se locupletando da minha própria imagem? Que vaidade!" Achou um absurdo. Foi o início do racha. Ela não queria propaganda de si mesma, não gostava desse tipo de exposição.*

Foi só o começo da desavença, a sociedade degenerou em litígio, acabou na justiça. Você e Gian Pietro já estavam separados, permaneceram amigos. No fim das contas, quando a justiça deu ganho de causa pra vocês e fez o sócio litigante devolver uma boa grana, Pedro lembra da atitude do Gian:

> *Quando receberam a indenização, o Gian passou toda a grana pra minha mãe; um ato bacana, ele abriu mão da parte dele. Eles ficaram amigos por um bom tempo, mas minha mãe logo engatou num novo casamento, com Thomaz. Como ela fez em todas as relações da vida dela, rapidamente.*

Maria Clara, Carolina e Pilar; Farra.

Até hoje, Thomaz Koch se cala mais do que fala quando é sobre você. Grande companheiro teu, né, m'irmã? Nós sempre achamos ele o máximo, e ele era mermo. Quando a gente era criança, Thomaz foi o pioneiro tenista masculino do Brasil a brilhar no exterior. Primeiro a vencer um torneio do Grand Slam, duplas mistas, Roland Garros, 1975; maior jogador da história do Brasil na Copa Davis, que jogou por dezesseis anos, e até hoje o brasileiro com maior número de vitórias no torneio, em simples e em duplas. Lindão, cabeludo, faixa na testa, elegante nos movimentos, com uma linguagem corporal esportiva moderna.

Gaúcho manso, com ele você cultivou uma relação profunda, duradoura. Tá na cara dele até hoje, seu olhar se nubla, como míope tentando ver ao longe. Age e fala como se você ainda estivesse viva – e está, porém não mais aqui, está mais distante, além de nosso alcance. Miragem presente.

Vocês se conheceram num evento de uma empresa de seguros, em Angra dos Reis. Jô Soares era o mestre de cerimônias, noite repleta de gente ilustre. Entre convidados do mundo das artes, da cultura e do esporte, você representava o vôlei e, Thomaz, o tênis. Vocês nunca tinham se visto antes, mas Thomaz se recorda com clareza da sensação: *"Não era uma estranha... Era uma coisa muito pessoal, como se a gente já se conhecesse"*. Era 2000.

Com a chegada dos filhos de Thomaz, Donovan, Kikinha e Bianca, a família cresceu; e o espaço também. Vocês compraram a casa ao lado, aquela do muro de papel, onde Carla tinha morado. A casinha foi abaixo, deu lugar à piscina e a um anexo, com uma suíte e sala de televisão, que depois virou abrigo de tua mãe, Marília, nos últimos anos de vida dela. Ainda tinha outra suíte no andar de cima. Nessa onda de ampliação, você e Thomaz também modificaram a casa original, juntando salas e cozinha, abertas pra piscina e pro jardim, e os três quartos viraram dois, com tua varanda.

Se vocês se complementaram tão bem, muito se deve à reverência que Thomaz tinha, sempre teve e ainda tem por você.

Thomaz.

Isabel era matriarcal. Quando botava alguma coisa na cabeça, não tinha como tirar. Mas, claro, ela sempre teve ideias boas. Nos dávamos muito bem, não saía tanta faísca. Acho que sou um cara mais passivo, né? Ela tinha as coisas dela, eu a acompanhava. Durante o tempo em que ela foi técnica da Carol e da Maria, e o próprio Pedro também jogando, eu acompanhei. Esporadicamente eu tinha uns torneios de tênis, os "Masters", para atletas com mais de 45 anos. Ela me acompanhou também. O pessoal do tênis gostava muito da presença dela.

Digamos que, no casal, você era *yang* e ele, *yin*. Mais uma vez, um marido mais velho, quinze anos de diferença, mas os ritmos distintos não eram ditados por idades. Tua urgência em viver contrastava com a calma e a passividade zen do Thomaz.

A vida dela era sempre correria. O que posso dizer é que ela era uma supermãe. Em todos os sentidos. Não só com carinho e atenção, mas com a atitude ativa dela, sempre quebrando o galho de todos. Sempre, sempre, resolvendo os probleminhas e problemões de cada um.

Juntos, você e Thomaz ergueram tua sonhada casa no campo, num sítio em Santo Antônio do Rio Grande, interior de Minas Gerais. Ele comprou o terreno, por onde passa um rio. Você, claro, se pôs a inventar, construir, reformar.

Ela sempre gostou muito de construção. O sítio tem, principalmente, a cara dela, o jeito dela. Quando a gente chegou, fizemos a primeira casa junto à casa do caseiro, de um lado do rio. Com receio de que podia vir um vizinho barulhento ou desagradável, comprei o outro lado do rio também. Juntamos esses dois pedaços, fizemos uma casa nessa nova área, que era mais alta e tinha um visual melhor.

O sítio permanece lá. Você permanece lá, Isabel. Os filhos e netos de vocês dois ainda frequentam: *"Pedro fez uma quadra de vôlei de praia lá. Mérito dele"*.

Tendo erguido tanta vida, vocês dois também viveram perdas dolorosas.

Quando você ficou grávida, com 45 anos, foi uma surpresa, enorme alegria. Mas a gestação não durou mais de três meses, Thomaz relembra com dor: *"Ela ficou muito, muito arrasada. Foi brabo o negócio"*. Vocês decidiram não tentar novamente, mas fortaleceu-se a ideia de adotar uma criança.

> *Pintou essa ideia quando a gente estava junto, mas ela acabou concretizando sozinha depois, com o Alison. Eu acompanhei todo o lance. Ele, inclusive, colocou meu nome na nova certidão de nascimento dele: Alison Thomaz.*

Thomaz não consta como pai no registro de Alison, mas é a figura paterna mais próxima dele. *"Gosto muito dele, um menino muito legal."*

Na pandemia, em meio à tragédia coletiva, vocês viveram uma tragédia pessoal. A filha de Thomaz, Christiana, a Kikinha, tinha sido diagnosticada com câncer de mama e, depois de dois anos de tratamento, os médicos tinham considerado a doença controlada. Em plena pandemia, a recidiva, o câncer voltou pior, uma leucemia. Você, Isabel, que durante a pandemia desdobrou-se para garantir proteção e segurança a todos, você, muito temerosa do vírus, não se poupou: esteve o tempo todo com Kikinha no hospital, onde ela fez um transplante de medula, além de mais tratamento. Aos 43 anos, Kikinha morreu. *"Foi duro"*, lamenta Thomaz.

> *A vida vai ensinando coisas pra gente. Ao mesmo tempo, foi uma época muito legal. A gente criou uma intimidade muito grande, porque eu passei muito tempo com ela no hospital, sabe? Kikinha também gostava bastante da Isabel. Não sei nem como falar. Teve um encontro legal das duas nessa fase.*

Thomaz reserva seus sentimentos, é estoico, não se queixa. Quando se refere a fatos difíceis ou penosos, diz que "é brabo...". Ele vê as "crianças" menos do que gostaria, Isabel.

> *Tenho pouco contato com eles, mas tenho. Quando a gente se encontra, se fala, é como se tivesse sido ontem. Agora, a gente se encontra mais nas comemorações de aniversário de um ou de outro.*

Quando foi no teu funeral, irmã, Thomaz guardou distância, discreto. Velório cheio de gente, preferiu deixar que Ruy tomasse a frente como o ex-companheiro entre os ex-companheiros da Isabel.

> *Como tava o Ruy lá, tomando conta dos filhos, fiquei pra trás, acompanhei tudo mais de trás. Acho que até como uma questão de respeito.*

Thomaz, porto seguro de tua onda, Isabel.

*

Entre os companheiros de tua vida, quem segue tocando tudo é o motorista Nelson, agora trabalhando na casa da Carol. Nelson de Jesus, teu imediato sempre, na condução de tua mega barcaça. Nelson lembra do respeito que você impunha, sem precisar fazer cara feia. Quando o barulho de uma festa era demais, os vizinhos reclamavam. Quer dizer... Nelson lembra:

> *Sempre que chegava um lá e falava comigo, eu dizia: "Vou chamar a Isabel, aí você fala com ela, tá?". E ele: "Não, não, não! Faz o seguinte, depois eu falo com ela. Fala você agora, tá bom?". O cara não queria falar! Descarregava comigo. E ele fugia.*

Todo mundo te conhecia na Gávea, e todo mundo conhecia o fiel Nelson. Ele seguia teus rastros pelo bairro, pagando as compras que você tinha feito e pendurado a conta: *"O Nelson acerta"*. Um dia, você ligou pra ele: *"Qual é a minha senha mesmo? Quero sacar um dinheiro aqui"*.

AINDA UMA VEZ PIONEIRA

Viver é um desastre que sucede a alguns
Nada temos sobre os não nenhuns
Que nunca viriam
As cascas das árvores crescem no escuro
As cascatas, a 24 fotogramas por segundo
Os vocábulos iridescem
Os hipotálamos minguam
Tudo é singular
Tudo dói

"Tudo dói", CAETANO VELOSO

Pouco antes da pandemia, você ainda voltou ao Japão, de novo para fazer algo que nunca ninguém tinha feito. Pela primeira vez, uma mulher seria técnica de uma dupla masculina de vôlei de praia. Sozinha, sem filhos, sem marido, você voltou a lugares em que tinha vivido vinte anos antes. Morou no subúrbio de Tsurumi, trabalhava em Kawasaki, meio caminho entre Yokohama e Tóquio. Numa reportagem do jornal *Valor*, de setembro de 2020, em pleno confinamento, você evocou essa temporada, com quase melancolia:

> *Foi um flashback, eu pegava o mesmo ônibus que usava com as crianças. Nunca pensei que voltaria àquele lugar. Quando entrei num restaurante que gostava, o proprietário me reconheceu. O menu era o mesmo.*

Chega a hora, sempre chega, em que o ninho esvazia. Ficam os tijolos, mas a argamassa imaterial que acende a vida da casa se dilui. Família é assim: demole-se uma pra construir as próximas, a matriz se dissolve pra que outras floresçam. Crescidos, Pilar, Maria Clara, Pedro e Carol partiram para o mundo, por si, bem-preparados por ti. Para bancar a manutenção cara, você alugava a casa da Gávea para filmagens.

Na real, você sabia que um ciclo se encerrara. Para reconhecer a beleza de uma história há que se apreciar o passado, mas passar dos 60 anos faz a gente pensar no futuro. Você parou, pensou, sentiu. O corpo tava surrado, vida de atleta de alto rendimento cobra um preço alto, tudo dói, é inevitável. Você também percebeu, dolorosamente, que já não era imprescindível para os filhos; eles tinham aprendido a se virar. Claro, você sempre esteve e estava ali, pronta para agir e resolver, eles sabiam disso. Por saber disso, tiveram segurança pra voar, tua sombra servia de sustentação espiritual.

Sabemos, né, minha irmã, que espírito é o que funciona na ausência. Como você, tão grande que se fazia presente quando preciso, bastava dizer teu nome. Como ainda é agora, mais que sempre, como sempre foi. Planejando as próximas décadas, você tramava um jeito de dar uma estabilidade básica pros cinco filhos, e uma plataforma confortável pras tuas realizações e viagens. Envelhecer, com a honestidade que sempre teve na vida, obrigava você a renovar o sentido das coisas, dos desejos e planos. Tudo que você construíra até então serviria melhor ao porvir do que ao passado.

Segundo ano de pandemia, não que a decisão tenha pegado todos de surpresa – mais que isso, foi um susto –, mas a venda da casa foi um choque tremendo, pra geral. Tua primogênita Pilar relembra:

> *Ela vendeu e foi morar num apartamento bem pequeno aqui no Jardim Botânico. Não sofria com isso. Era muito desapegada mesmo. Dizia: "Tô adorando. Olha aqui, ó, pá, a mata! Olha a minha janela, minha vista". Maria Clara falou: "Mãe, mas por que esse apartamento tão pequeno?".*

Os filhos ficaram cabreiros: *"Como assim vai vender a casa? Onde crescemos e fomos tão felizes, de onde guardamos as melhores lembranças?"*. Você, com o pragmatismo que tornava teu idealismo eficaz, tocou a real, que não são tijolos que guardam lembranças:

A casa é um bem, serviu a gente muito bem pra vocês crescerem. Criamos todas essas memórias. A casa nos deu muita coisa e vai continuar dando, vai nos servir muito bem para o resto da vida.

BRASIL
12

A pessoa mais importante de tua vida

Feliz é quem se alteia desse mundo
E paira sobre as coisas invulgares
Que importa o mundo grite seu profundo
Grito de nojo que empesteia os ares?

Feliz é quem se alteia desse inferno
Tão alto quanto os deuses e os profetas
Feliz porque é maior porque é eterno
Oh! Feliz – Deus! Felizes – os poetas!
"Felicidade", LEDA RIOS

Felizes os que se alteiam, deuses, profetas, poetas e... sua neta atleta! Rá! Assim eu respondo aqui à vovó Leda, Isabel, minh'irmã. A mulher que fez tua cabeça, que te formou, e que você, com tua vida, honrou e, mais que manter viva, deu à obra substância real. Esses versos, do poema "Felicidade", ela publicou quando tinha 16 anos! Imagina, 1918, a menina mulata, linda, atrevida, mandando forte, sem pedir licença: *"Quero andar só comigo* [...] *Esquecida dos homens!"* (do poema "Profissão de Fé").

No clã de mulheres de tua família, ela era a matriarca incontestada, tua avó materna, Leda Rios. Você tinha muito claro o tamanho dela:

Vó Leda. 1980.

A pessoa mais importante da minha vida, mais importante mesmo, da minha vida inteira, foi minha avó. Ela morava na nossa casa, junto com minha mãe, meu pai, comigo e com minhas irmãs. Era ela quem me contava histórias, ouvia histórias minhas, ia comigo ao cinema, com quem eu ia à feira... Era minha avó que preparava meu jantar, quando eu chegava em casa cansada e faminta após um treino e todo mundo já tinha jantado. Ela era a pessoa que eu mais amava, e gosto de pensar que eu era a pessoa que ela mais amava.

Lembro de Leda lá no quartinho no fim do corredor, guardada como um tesouro disfarçado, meio em segredo. Vivia num mundo só dela, recolhida em sua surdez; quem chegasse, que viesse manso, sem perturbar seu exílio particular. Ficávamos imaginando, fantasiando as travessuras que ela, melindrosa carioca, tinha aprontado no Rio de Janeiro feérico dos anos 1920. Lembro do olhar dela, meio entediado, condescendente, de quem já conhecia bem, já tinha vivido aquele fervo adolescente que invadia a casa de vez em quando. Sexo, drogas, rock and roll? Leda tinha dado por visto...

*

Isabel, minha onda. Tenho pensado obsessivamente em você nos últimos meses, na tarefa impossível de te contar, te narrar e explicar, de aprumar o retrato mais fiel, que te apresente bem a quem não te conheceu, e não desaponte demais quem te conheceu. Pois, repito, todos que te conheceram trazem consigo uma Isabel particular, pessoal. Na intensidade de nunca caber em si, você se multiplicou, foi uma Isabel pra cada amigo, cada conhecido ou desconhecido, passante ou ficante; múltiplas versões do grande fato que você foi e representou. É e representa, digo. Penso tanto em ti, tentando encontrar o que poderia haver, deveria haver, em comum nessas tantas versões. Cheguei a uma conclusão, outros cheguem às suas.

O que une e dá sentido à tua inumerável presença, Isabel, que está na origem e no destino de todos teus atos, falas, manifestações públicas e gestos íntimos, o que te explica é tua liberdade. Tua destemida e inegociável liberdade, atávica, mais que espontânea, involuntária – como que genética. E aí, quando especulo, exagerado, que tal liberdade radical pudesse advir de teus genes, volto à Leda, tua avó libérrima, a mulher que fez tua cabeça. Nem carecia de transmissão genética, ela transmitiu liberdade e coragem em voz alta e clara, lendo e te dando a ler, contando histórias, te inspirando e ensinando a ver que a vida não é só o que se vê.

Quero andar só comigo e o pensamento
Das belas coisas, mas completamente
Esquecida dos homens um momento.

E assim caminharei, embora a esmo.
Em par com o meu espírito descrente.
Na certeza de andar comigo mesmo.
"Profissão de Fé", LEDA RIOS

Essa independência poética, essa liberdade, é você inteira, Isabel. Você foi no mundo o que sua avó desfiou em versos, cumpriu da poesia a profecia. *"A certeza de andar comigo mesmo"*: isso é a sua cara. Vou salpicando por aqui versos e aforismos de Leda, tá bom, minha boa? Por exemplo:

No mal, julgue os outros por você mesmo e, no bem, pelo pior dos homens.

Assim você apresentava a história de Leda, naquele começo de século XX.

Minha avó nasceu em 1902. A mãe dela, que era negra, trabalhava como empregada doméstica numa casa de classe média. Essa mulher ficou grávida do filho dos patrões, que resolveram ficar com a criança e mandar a moça embora. Ela foi criada pelos avós com a melhor educação possível. Estudava francês, tocava piano... além do mais, era muito mimada e paparicada. Seu pai também morava na mesma casa, mas eles nunca estabeleceram uma relação de pai e filha. Ela sabia que aquele homem era seu pai, mas isso não significava nada para ela, que chamava os avós de papai e mamãe. Vovó sempre foi muito precoce. Muito nova, aprendeu a ler e a escrever. Era uma menina muito inteligente e curiosa.

Leda Rios foi uma criação de Antonieta Frota Pessoa, assim tinha sido registrada. E não foi só *nom de plume*, pseudônimo artístico; tornou-se Leda pela vida, para além de escritora. Mulher mestiça, fruto da clássica relação brasileira de patrão branco com empregada negra, Leda era linda, sensual. A condição no mundo dela foi de sempre estar em dois lugares, ser dupla. Você, Isabel, pequenina, percebeu: *"Vovó, como é que você tem dois nomes?"*.

Meu corpo são e meu espírito em paz são as únicas verdades que contam para mim na vida.

Leda foi criada no conforto de uma família de posses, formada num ambiente ilustrado. O pai dela, Getúlio da Frota Pessoa, era poeta, jornalista, importante pedagogo cearense migrado pro Rio. Getúlio nunca assumiu ou exerceu a paternidade, era meio tratado como um irmão, mas cedo Leda sabia que se tratava de seu pai. A mãe, ela não conheceu, sabia dela só o nome: Angélica tinha sido mandada de volta para uma fazenda em Sobral, para nunca mais se ter notícias.

Na capital do país, a menina Antonieta amadureceu na jovem Leda, mergulhada no universo intelectual e artístico. Tendo começado a escrever aos 16 anos, foi publicada em vários jornais cariocas. A obra de estreia dela foi um romance epistolar: *Correspondência de Virgílio e Lygia*. Da troca de cartas que conduz a história, localizei um trecho saboroso. Reproduzo aqui a caricatura piedosa que Leda faz dos homens da época:

> *– Mulher! Por que é que eu corri a te buscar? Por que é que o teu recato me encanta e imprime no meu ser um sentimento que nunca experimentei?*
>
> *Eu, um violento, que até hoje só respeitei a mulher que não desejava? Por que é que eu te respeito? Não sei o que tu és para mim: deste instante te conheço: não digo que te amo nem que te não amo! Digo que te respeito e que te adoro! Poderás dizer-me, Celeste, o que isto é?*
>
> *Ela fitou-o só. E elle compreendeu: – É amor.*

Era 1918 (lembremos, Leda tinha apenas 16 anos...), e depois de publicar o romance, em episódios, a revista *Fon-Fon* assim concluiu a série:

> *Leda Rios. Este pequenino nome parece verdadeiramente feito para a glória. É a assinatura que esconde um talento feminino, ainda hesitante nas suas primeiras manifestações, mas já certo de si e dos espaços por onde alargará os seus vôos. A* Correspondência de Virgílio e Lygia, *deliciosos contos psicológicos, cuja publicação terminamos, revela qualidades artísticas do melhor quilate, e Leda Rios mostrou nessas páginas de estreia que não lhe falta a segurança da expressão literária, o senso da medida e da harmonia, a par de uma sensibilidade peregrina.*
>
> *Não é nosso intuito fazer um simples elogio à jovem escritora, a quem* Fon-Fon *abriu suas páginas; queremos apenas dizer-lhe a nossa satisfação por lhe haver dado o ensejo de aparecer diante do público, para o qual esse lindo e pequeno nome de Leda Rios já passou a ter uma nobre significação.*

Para poder sair da casa dos pais, que censuravam sua vida boêmia, Leda se casou com um amigo, o jornalista Vicente Lima, casamento só de fachada. Logo, ela troca o Brasil pela Europa.

Naqueles *swinging twenties*, os benditamente loucos anos 1920, Leda vai estudar em Paris. Imagina a farra, Isabel, a mulata espertíssima naquela fervura histórica, o centro da cultura moderna no mundo.

Os séculos mudam de aparência (e apenas de aparência). Eles se repetem. Pode ser que nossos filhos, do século XX, acreditem e pretendam, pretensiosamente, que é uma qualidade não ser um falsário e uma virtude não ser um caluniador.
"Solilóquio", LEDA RIOS

Quando volta ao Brasil, Leda tem um *affaire* com Dodô, Geraldo Barrozo do Amaral – sim, da família do famoso colunista social, Zózimo. Fica grávida de sua única filha, Marília, a tua mãe, Isabel. Leda nunca se comportaria nos conformes de mãe e esposa, nem se casou com seu avô.

Conhecia, frequentava e recebia vários autores da época. Em especial, tornou-se amiga próxima do poeta Manuel Bandeira, que frequentou bastante tua casa. Você deve ter chegado a ver o homem que *"engoliu um piano, mas deixou o teclado de fora"*, Isabel. Quando Bandeira morreu, você já tinha 8 anos. Teresa, tua irmã um ano mais velha, se assustava: *"Eu me lembro bem dele. Era muito feio, muito assustador. Chegava lá, e eu sentia medo"*.

*

Leda produziu crônicas, artigos, comprou brigas, tinha veneno também. Olha como desanca um adversário:

Porque sou sua amiga, me autorizo a lhe dar um último conselho: escreva menos, rapaz. V. custa a encontrar assuntos, copia ideias e até frases de seus colegas... Isso é feio.

Leda escreveu romances, teatro, sobretudo poesia. Era moderna, mas não modernista. Isabel, tua avó não escreveu sobre a

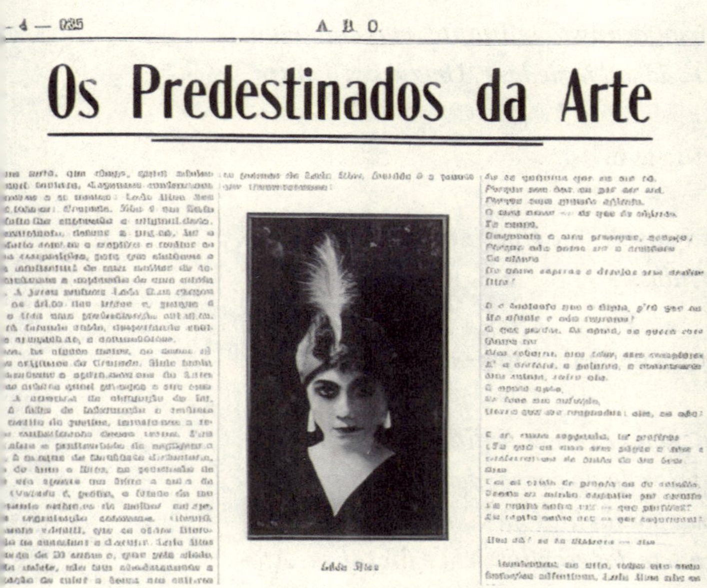

— 4 — 035 A. B. C.

Os Predestinados da Arte

própria negritude, não entrou em debates sobre racismo – isso nem havia –, mas rebateu comentários sobre sua cor e beleza, não deixava barato. Entrou numa contenda com o jornalista Benjamin Costallat, que a ofendeu, não se sabe bem em que termos. O ataque dele se extraviou, mas, da réplica de Leda, depreende-se que Costallat mencionou sua cor. *"V. é bobo, meu filho. Porque é bobo, ficou esperando uma ocasião qualquer insignificante, para vir dizer que eu andei pelos jornais, que tenho a pele preta, etc. Bobagens, Benjamin."*

*

Tua irmã Teresa, professora de Letras, hoje se dedica a resgatar a memória, vida e obra de Leda Rios:

> *É um projeto de todas nós, Isabel dava muita força. De minha parte, por ser uma pessoa ligada à literatura, gostaria de vê-la sair do silêncio, ter a sua voz reconhecida. Muitas outras mulheres foram silenciadas da mesma maneira. Mostrando uma, chamamos outras, né? E é uma coisa que Isabel tinha.*

Autora, Leda Rios. 1925; Coquete, Leda Rios. 1925.

Ela nunca se colocou como feminista militante, mas tinha um comportamento feminista de solidariedade. Uma puxa a outra.

Quem puxou geral foi tua avó.

O homem mais feliz será aquele que tiver tantos inimigos nobres quanto amigos ridículos.

Teresa explica a literatura de Leda Rios:

Ela tinha muita influência da França. Influenciada por Baudelaire, muito erótica, falando do corpo, de relacionamentos amorosos. É também uma poesia filosófica, que reflete sobre a vida. Na verdade, boa parte dos escritos dela é filosófica. Aforismos, textos de opinião, muitas vezes curtos, sobre o mundo.

Para o teatro, Leda escreveu a peça de teatro *Peccado* (tempo em que se pecava com dois *cês*...), recebida com espanto:

De moldes modernos, de lances fortíssimos, com fecho surpreendente e arrojado, Peccado *agradou e entusiasmou mesmo a todos que a ouviram* [...] *A escritora recebeu muitos aplausos e cumprimentos.*

Cruzada, de 1925, foi o último livro publicado por Leda. Teresa tem a tese de que:

Ela para de escrever porque se cansou de ser avaliada por sua imagem, seu corpo. Havia ironias nesse sentido e, até onde sei, ela respondia pesado. Não creio que ela tivesse a menor vontade de se posicionar politicamente. Queria, sim, ser reconhecida pelo que tinha, porque produzia muito. Mas enfrentava essas críticas e batia muito de frente. Há várias fotos em que ela rabiscou a cabeça das pessoas, como quem diz "esse para mim já era". Como ela não podia acabar com a pessoa, rasgava a foto, cortava, rabiscava.

Leda se desfez de todos os livros que escreveu, não guardou nada de sua obra. *"Vovó não falava da obra dela. Ela teve um enorme desencanto com um trabalho tão vasto e pouco reconhecido."*

O hipócrita é sempre um homem sincero para ele mesmo.

Do mesmo jeito que escreveu, nadando contra a corrente das convenções, Leda viveu. Conheceu a cocaína, aditivo em voga, socialmente aceito no Rio de Janeiro nos anos 1920, foi sexualmente liberada. Depois de terminar o casamento, passou a viver com a amiga Glória, por décadas, até a morte desta. Era viciada em jogos de azar, não podia ver cartas ou bilhetes de loteria.

Aquele que tem um vício já tem alguma coisa e demonstra que sabe perseverar.

Tendo perdido quase tudo no jogo, foi morar com a filha, Marília – pra tua sorte, né, Isabel? Vocês ainda eram pequenas. Teresa recorda:

Até um determinado momento, minha avó tinha a casa dela. Mas aí ela perdeu muitas coisas e acabou indo morar conosco. Ela jogava muito, apostava tudo. Na época, tinha cassino. Ela perdeu muita coisa, chegou a perder um apartamento. Tinha uma aposentadoria, mas não era suficiente para se manter sozinha.

Bia, a mais velha de vocês meninas, diz:

Vovó educou a gente, né? A mamãe entra quando ficamos adolescentes. Tinha esse quarto onde as mulheres ficavam conversando. Falavam muito de análise, que era um tema na época, jogavam I-Ching, discutiam vários assuntos. Ficávamos na escada da casa, escutando....

Toda vida social de Leda se dava naquele quartinho. Diferente da filha dela, Marília, tua avó não parecia ser a depressiva clássica, mantinha senso de humor, extraía prazer da convivência com vocês, diz Bia:

> *Era uma pessoa que gostava de viver. Num dado momento, abriu mão de tudo e virou nossa avó, a avó que nos contava fábulas de La Fontaine. Nunca ouvi dela uma historinha como Cinderela.*

Leda assumiu as netas, e também suas amigas. Moniquinha aprendeu ali a jogar:

> *A gente jogava muito pôquer. Ela adorava. Adorava fumar cigarro, beber cerveja. E ela me dava livros, foi quem me apresentou a Clarice Lispector. Era uma mulher incrível.*

Leitora se manteve, devorava principalmente biografias. Cinéfila, só via filmes estrangeiros, não que tivesse nada contra o cinema nacional. Surdíssima, dizia: *"É uma pena, porque, como não tem legenda, não entendo porra nenhuma!"*.

*

Leda mantinha sua intimidade preservada. Quando saía, ninguém ficava sabendo por onde tinha andado nem o que tinha feito. Daí que, quando ela começou a levar vocês a restaurantes caros, a toda hora, ninguém entendeu nada. Teresa brincou: *"Parece que você ganhou na loteria, vovó!"*. *"Até que enfim alguém nesta casa pensou"*, ela rebateu. Ela tinha mermo ganhado na loteria, mas, àquela altura, o dinheiro já fora quase todo torrado.

*

Isabel, você curtia tanto a companhia de tua avó que a levava com você aonde quer que fosse, arrastava a velhinha pra nossos programas. Muitas vezes nem perguntava a ela se queria ir. Jackie lembra daquela vez que foram pra Ilha de Itacuruçá, viagem a que Leda não queria ir de jeito nenhum. Para a serra, sim, ela aceitaria ir, feliz. Era carnaval, e você propôs: "*Bora pra Petrópolis, vó!*". Leda topou. Jackie também não queria ir, mas... você queria que ela fosse.

Isabel me chamou pra viajar, mas eu tinha uma credencial pro carnaval na avenida. Ela começou: "Vamos pra ilha!". "Não tô a fim de ir pra ilha, Isabel." Eu estava louca pra ir pro carnaval. E ela: "Não, não, não!". Eu cedi, com planos de me virar depois pra ir embora.

Depois de um tempo no carro, Leda estranhou o caminho, interpelou a Jackie:

Leda se dirigiu a mim: "Não tô vendo a serra. Cadê a serra?". Achei estranho...

Só aí, Isabel me explicou que estava enganando a avó. "Ela queria ficar, mas ficamos com pena. Como vai passar o carnaval sozinha? Convenci ela a ir pra Petrópolis..."

Uma armação com requintes: Leda só bebia Brahma, a Brahma acabou, então a cada parada para comprar mais cerveja...

A gente comprava outra marca e trocava o rótulo das cervejas. Quando afinal a gente chegou no porto, Leda viu a pequena barca para cruzar até a ilha, ela começou a xingar muito, mas muito mesmo.

*

Você nunca deixou de cuidar de Leda. Mesmo de longe, ficava dando instruções pra que cuidassem dela. Como quando você ligou da Itália, pro teu marido da época, o Ruy, muito preocupada com Leda, dizendo que ele tinha que fazer alguma coisa com ela... o Ruy:

Isabel liga da Itália, preocupada com a avó sozinha aqui. Falei: "Pô, mas o que é que eu vou fazer, Isabel?". E ela: "Ah... sei que você consegue, vai...". Fui jogar bola no campo do Chico Buarque. Quando acabou, o [veterano Novo Baiano] *Paulinho Boca de Cantor disse que adorava jogar pôquer. Tive a ideia. Juntei ele, o Carlinhos Vergueiro e o Chico Batera e falei: "Vamos jogar um pôquer?". Eu nunca tinha chamado ninguém pra jogar pôquer... Odeio, nem sei jogar. Tomamos um chope, compramos umas cervejas e fomos para a J. J. Seabra. Chegamos, toquei a campainha, Leda abriu: "Dona Leda, mesa de pôquer".*

Ela e Paulinho Boca de Cantor se encantaram um com o outro, ficavam se provocando, ele não ficou tratando Leda como velhinha. Ela amou. Aliás, não só amou como ganhou, tirou o dinheiro de todo mundo.

É sempre por egoísmo e porque nós sabemos o quanto vale um sacrifício que nós amamos eternamente as pessoas pelas quais já nos sacrificamos uma vez.

Leda morreu, de câncer, em 1986, poucos meses depois de Pedro nascer. Você ficou mal, muito triste, dizia que não tinha se dedicado o suficiente, que não tinha conseguido grana pra levá-la pra viajar. Levou, Isabel, pra onde você foi, levou sua Leda. Mesmo na hora do enterro, você não deixou que ninguém ficasse entre vocês duas. Antonieta Junqueira, tua amiga, descreve a cena comovente:

Como Isabel era formidável. São os homens que sempre carregam o caixão, certo? Quando chegou a hora de a Leda ser enterrada... quando eu vi, Isabel tinha partido pra cima. Ela assumiu a coisa, botou a mão no caixão, pegou a alça pra carregar. No mesmo instante, não precisaram combinar, todas as irmãs foram também, juntas, levar o caixão de Leda. Foi a primeira vez que vi um caixão carregado por mulheres. Muito bonito. Só mesmo Isabel...

Só você mesmo, minha irmã. Esse gesto, essa atitude, ajudam a entender o poder de teus gestos e tuas atitudes, Isabel. Era um funeral íntimo, não havia plateia, não se tratava de espetáculo ou demonstração de virtude. Era tão somente um jeito de você chorar que não fosse apenas com olhos e lágrimas – era preciso, imperativo. Ali, como em tantas instâncias de tua vida, você precisou ir além das convenções esvaziadas de sentido. Naquele momento de dor e orfandade, no enterro de Leda, mais que carpir, ao chamar pra si o peso do caixão, você fez por afirmar o que ela foi, o que ela deixou, o que dela ficou. E de Leda ficou você, ficaram tuas irmãs, ficam suas crianças, educadas na compaixão. Aquela cena, de suprema simplicidade e simbolismo profundo, como tantas imagens e frases que você criou, expressava autoridade inquestionável – quem iria se opor à verdade assim desentranhada do peito?

Por isso, Isabel, você representou para a emancipação feminina ainda mais que o feminismo assim chamado, porque você era o bendito fruto de Leda e Marília – do cacho de Bia, Teresa, Inês, você era a flor mais vistosa, exposta e disposta, sem querer, por natureza.

OS TRINETOS DE LEDA

Diz o para-choque do caminhão que "o contrário do amor não é o ódio, é a indiferença". Então, Isabel, teu nome é amor, sempre foi. Nunca indiferente, sempre diferente, quando geral se apavora e diz "Não é comigo!", você vai e abraça o mundo, tudo é contigo.

Agora tua presença é só espiritual. Porém, teus braços e tuas mãos são muitos mais, são dos filhos e netos, e estamos precisados de todos. Você sabia, você sabe, viveu de olhos bem abertos, viu o mar virar. A encrenca é grande, e se a encrenca é grande, você se mete, rá!

Isabel, a gente sabe que, pela primeira vez na história humana, temos de pensar nas gerações seguintes, um troço inédito.

Vovó Isabel; Netos no ninho.

João, filho de Pilar; Pedro e o filho Miguel.

Até a Revolução Industrial, nem nos filhos se pensava. Agora, uau, estamos pensando nos netos! Se vai sobrar planeta pra eles... Disso sucede que tua história, teu jeito de viver e conviver, de ouvir e de dizer, mais uma vez é exemplar.

No processo de pesquisa, análise e interpretação de tua história, ouvi de muita gente a mesma definição: "Acima de tudo, Isabel era mãe". Sim, tem verdade aí, mas, tentando ir além do senso comum do "mãe é mãe", vou te contar: mãe é mãe porque também foi filha, é ou não é? E filha de mãe que também foi filha, o que pressupõe... uma avó! Juro que não tô de sacanagem, sério, é séria a parada. Nesse jogo de espelhos das gerações, a cada ancestral que se reconhece, mais se pode avistar à frente, enxergar paisagens futuras, o que há por vir. Aliás, só assim se pode ver continuidade nessa avalanche que é a vida, esse "desastre que sucede a alguns" e atropela – o tempo, o que é? Passou. E o que se passa, qual é a transformação que se opera na cabeça de uma mulher ao virar mãe? Pois bem, é o seguinte: o futuro deixa de ser abstrato, fica concreto, torna-se a vida, concretíssima, de seus filhos. E dos filhos de seus filhos. Teus netos, Isabel. Os trinetos de Leda.

Dos meninos de Pilar, teu neto mais velho, João, parceiro de fins de semana no sítio de Santo Antônio, está entrando na vida adulta, enquanto o irmão dele, Francisco, chega à adolescência – mas ainda dorme agarrado ao ursinho de pelúcia, herança da vovó Isabel.

Quando você partiu, o Joaquim, de Maria Clara, teu parceiro em brincadeiras de teatro, foi quem mais manifestou dor. Batia no peito, em protesto: *"Só tenho 6 anos! Como é que ela tá indo embora?"*. Hoje, Joca olha para a lua e fala com você. Antes de um mergulho na praia, avisa: *"Esse é pra você, vovó!"*.

Você está presente na vida deles, minh'irmã, na cara deles, no bico de teu neto mais novinho, Miguel, do Pedro, já te disse. Os irmãos José e Salvador se espantam de ver você, de repente, no jeito, na voz, nas expressões da mãe, quando Carol conta histórias para eles.

Você sabe que foi pra teus netos que escrevi este livro, Isabel. Aliás, minha irmã, dedico agora a eles uma informação que vão achar engraçada.

Quando se remexe nas camadas da memória, aparecem lembranças surpreendentes. E eu lembrei, Isabel, que, pelo menos até os 16 anos, você tinha uma espécie de calo no nódulo do dedão. Sim, Isabel, você ainda chupava o dedo, de fazer calo! Naquela carta que Marília escreveu no teu aniversário de 16 anos, ela diz que você já chegou assim:

> *Eu me lembro muito bem do dia em que você nasceu, às 5 e 30 da tarde – uma tarde gloriosa que mais parecia verão –, sem dar o mínimo trabalho à sua mãe. Eu me lembro também de como você era bonitinha, com um enorme chuca-chuca; já veio da casa de saúde chupando o dedo. Era tão engraçado, a gente punha a chupeta, você cuspia o objeto e punha o dedinho na boca.*

*

Ah, minha irmã, de vez em quando, faço como amigos teus fazem, e finjo que você viajou, que está só passando mais uma temporada no Japão. Vai ver é isso mermo, tamo só em fusos horários diferentes. Como quando a gente olha uma coisa tão de longe – como a luz das estrelas –, que enxerga o passado, presente. Pego aqui emprestado de Einstein o que ele escreveu quando morreu o melhor amigo dele:

> *Ele partiu deste estranho mundo um pouco antes de mim. Isso não quer dizer nada. Para nós, que acreditamos na Física, a distinção entre passado, presente e futuro é apenas uma teimosa ilusão.*

Podem vir tempestades, furacões, ressacas históricas, pode Ipanema ser submersa – como dizem que será seu destino –, pode o Havaí ser aqui, nada feito: você, Isabel, será pra sempre a rainha.

Das maiores ondas de Ipanema, ela é a mais alta e perfeita.
Das rajadas de vento sudoeste, a mais forte.
Dos dias ensolarados do verão, o mais luminoso.
Como a areia mais quente e acolhedora, escorria pelos dedos de quem tentasse a segurar, libérrima.
Das garotas de Ipanema, a única tão internacional quanto a canção.
Achavam ela uma magricela comprida trançando as pernas para bater na bola.
Até que Alberto Bial, do basquete, viu o treino do infantil do vôlei e disse para ela: "Você vai ser a maior jogadora do mundo".
Ela acreditou e cumpriu a profecia.
O jeito que ela vivia o esporte transformou o jeito de se viver o esporte. E o jeito de se viver.
Não avisava, fazia. E levava a todos junto, abrindo caminhos como se andasse distraída.
Sua liberdade inata libertava sem perguntar, ajudava antes que se pedisse socorro.
Tinha um jeito rouco de pensar alto, ouvia aprendendo e respondia ensinando.
Levava Leila Diniz com ela, todas as musas da república de um bairro hoje suspenso no ar, invisível, mas tangível.
Seu sorriso era uma gargalhada.
Sua lágrima, espuma salgada.
Das ondas de Ipanema, foi a mais alta.

PEDRO BIAL

Bloco Simpatia é Quase Amor. Ipanema, 1985.

Pedro Bial, 1983.

SOBRE O AUTOR

PEDRO BIAL é jornalista, escritor, cineasta e apresentador de TV. Foi jogador de basquete profissional até os 23 anos, tendo atuado no Fluminense, seleções cariocas e seleção brasileira sub-21.

Como jornalista, teve atuação mais marcante como correspondente internacional, entre 1988 e 1996.

Atua principalmente na televisão, sendo conhecido por apresentar os programas *Fantástico*, *Big Brother Brasil* e *Na Moral*. Atualmente, comanda o principal *talk show* da TV brasileira, *Conversa com Bial*, e o núcleo de produção de séries documentais *Conversa.doc*.

Entre outros livros de não ficção e poesia, escreveu a biografia de Roberto Marinho, o maior empresário de comunicação da história do Brasil, e *Luiza Helena: mulher do Brasil*, publicado pela Gente em 2022.

Dirigiu o longa-metragem de ficção *Outras estórias*, adaptação da obra de Guimarães Rosa, e documentários como *Jorge Mautner: o filho do Holocausto*. Produziu a série *Em nome de Deus*, que desmascarou o médium João de Deus. Sua mais recente produção foi a série *Vale o escrito*.

CRÉDITOS DAS IMAGENS

[p. 1] Com Jackie no Japão. Arquivo pessoal Isabel Salgado.
[pp. 2-3] 1982. Antônio Lúcio/ Estadão Conteúdo.
[pp. 4-5] Ponto. Arquivo pessoal Isabel Salgado.
[pp. 6-7] Pilar, Pedro, Carolina e Maria Clara. 1989. Foto Lúcio Marreiro/Agência O Globo.
[pp. 8-9] *Intervista*, Itália. Arquivo pessoal Isabel Salgado/Foto: G. Zagni.
[pp. 10-11] Manoel Pires/Folhapress.
[p. 16] O sorriso todo dela. Arquivo pessoal Isabel Salgado.
[p. 22] 'V' de ver. Arquivo pessoal Isabel Salgado.
[p. 24] *Globetrotter*, Itália. Arquivo pessoal Isabel Salgado.
[p. 42] Primeiro Caderno do Jornal *O Globo*. 17/11/2022.
[p. 45] Caderno de Esportes do jornal *O Estado de São Paulo*. 17/11/2022.
[p. 46] *Mengão*. 1982. Rodolpho Machado/Abril Comunicações S.A.
[p. 48] À escuta. Itália. Arquivo pessoal Isabel Salgado.
[p. 49] Festa de casamento na padaria, com Mônica Biel. Arquivo pessoal Mônica Bielschowsky.
[p.50, à esquerda] Carnaval, com a irmã menor, Inês. Arquivo pessoal Isabel Salgado.
[p. 50, à direita] O bico desde bebê. Arquivo pessoal Isabel Salgado.
[p. 51] Transgressora, Colégio Notre Dame. Arquivo pessoal Isabel Salgado. Foto: Leonardo.
[p. 59] Barrigas irmãs, Inês de óculos. Arquivo pessoal Inês Salgado.
[p. 66] Olimpicamente carioca. 2016. Márcia Foletto/Agência O Globo.
[p. 68] Grávida de Maria Clara. 1983. Avani Stein/Abril Comunicações S.A.
[p. 73] Marília e Francisco, os pais. Arquivo pessoal Inês Salgado.
[p. 74, acima] Carnaval em família, Isabel na perna esquerda do pai. Arquivo pessoal Isabel Salgado.
[p. 74, abaixo] Primeira comunhão de Teresa, Isabel entre ela e a mãe. Arquivo pessoal Inês Salgado.
[p. 76, acima] Corrente de irmãs, Inês, Teresa e Bia. Arquivo pessoal Inês Salgado.
[p. 76, abaixo] Sempre unidas, Inês, Bia e Teresa. Arquivo pessoal Inês Salgado.
[p. 77] Da esquerda à direita: Teresa, Marília, Francisco, Inês, Isabel e Bia (sentada). Arquivo pessoal Inês Salgado.
[p. 83] Suor e areia. Mundial de Vôlei de Praia em Santos. 1994. Pisco del Gaiso/Folhapress.
[p. 86] Com Jackie no Japão. Arquivo pessoal Isabel Salgado.

[p. 90] Títulos. Arquivo pessoal Inês Salgado.
[p. 91] Ênio Figueiredo. Arquivo pessoal Isabel Salgado.
[p. 93] Trama. Torneio Internacional de Vôlei de Praia, Niterói.1993. Silvana Louzada.
[p. 94] Com Jackie, rima de olhares. Arquivo pessoal Jacqueline Silva.
[p. 101] Êxtase. Jogo Sadia versus Pirelli. 1988. Vidal Cavalcanti/Folhapress.
[p. 107] *Guarda*, Pilar! Itália. Arquivo pessoal Pilar Salgado.
[p. 123] Capa da *Veja*. 1982. Pedro Martinelli/Abril Comunicações S.A.
[p. 130] Los Angeles. 1984. Arquivo pessoal Isabel Salgado.
[p. 135] Vitória contra a União Soviética. 1982. Antonio Moura/Agência O Globo.
[p. 136] Grávida na quadra. 1982. Conteúdo Globo.
[p. 142] Entre dois sets, com Pilar. 1982. Delfim Vieira/Cpdoc – Jornal do Brasil.
[p. 154] A amiga Vera Mossa. São Paulo, 1989. Cludine Petroli/Agência O Globo.
[p. 160] Pedro a caminho. Arquivo pessoal Ruy Solberg.
[p. 167, acima] Velho mundo. Itália. Arquivo pessoal Maria Clara Salgado.
[p. 167, abaixo] Pilar e *colombe*, Itália. Arquivo pessoal Isabel Salgado.
[p. 170, acima] Amasso em Pedro. Arquivo pessoal Pedro Solberg.
[p. 170, abaixo] Tem braço pra todos, Pedro, Carol e Maria Clara. 2003. Nana Moraes/Abril Comunicações S.A.
[p. 171] Filhos e netos. Arquivo pessoal Gil Gross.
[p. 179] Ruy. Arquivo pessoal Ruy Solberg.
[p. 182, acima] Pilar, Pedro, Carol e Maria Clara. 1989. Foto Lúcio Marreiro/Agência O Globo.
[p. 182, abaixo] Alison. 2017. Gustavo Zylbersztajn/Editora Globo.
[p. 189] Técnica de Maria Clara e Carolina. 2006. Letícia Pontual/Agência O Globo.
[p. 190] Com todos os filhos. Arquivo pessoal Maria Clara Salgado.
[p. 192] Geral. Arquivo pessoal Maria Clara Salgado.
[p. 205, acima] Maria Clara, Carolina e Pilar. Arquivo pessoal Maria Clara Salgado.
[p. 205, abaixo] Farra. Arquivo pessoal Maria Clara Salgado.
[p. 207] Thomaz. Arquivo pessoal Isabel Salgado.
[p. 214] Vó Leda. 1980. Antonio Nery/Agência O Globo.
[p. 221, à esquerda] Autora, Leda Rios. 1925. A.B.C.
[p. 221, à direita] Coquete, Leda Rios. 1925. Revista *Fon-Fon*.
[p. 228, acima] Vovó Isabel. Arquivo pessoal Maria Clara Salgado.
[p. 228, abaixo] Netos no ninho. Arquivo pessoal Maria Clara Salgado.
[p. 229, acima] João, filho de Pilar. Arquivo pessoal Pilar Salgado.
[p. 229, abaixo] Pedro e o filho Miguel. Arquivo pessoal Pedro Solberg.
[p. 232] Bloco Simpatia é Quase Amor. Ipanema, 1985. Vidal da Trindade/Cpdoc – Jornal do Brasil.
[pp. 234-235] Dom. Arquivo pessoal Isabel Salgado.
[p. 236] Pedro Bial, 1983. Conteúdo Globo.
[p. 240] *Star quality*. 1982. Sergio Berezovsky/Abril Comunicações S.A.

BRASIL
7